上海市杨浦区教师专业发展丛书　丛书主编◎徐国民　丛书副主编◎庞维成

本册主编
陈　谨

小学数学
Mathematics
教学初阶

本册主编：陈　谨

编著人员：张　丽　郑钟雯　黄　苹
　　　　　陶隽颖　王佩贞　施庆裕

上海
著名商标
ECNUP
华东师范大学出版社
全国百佳图书出版单位

图书在版编目(CIP)数据

小学数学教学初阶/陈谨主编.—上海:华东师范大学出版社,2016.3

(上海市杨浦区教师专业发展丛书)

ISBN 978-7-5675-4895-4

Ⅰ.①小… Ⅱ.①陈… Ⅲ.①小学数学课-教学参考-资料 Ⅳ.①G623.503

中国版本图书馆 CIP 数据核字(2016)第 050836 号

上海市杨浦区教师专业发展丛书

小学数学教学初阶

主　　编　陈　谨
项目编辑　平　萍
特约审读　许　均
责任校对　张多多
版式设计　卢晓红
封面设计　高　山

出版发行　华东师范大学出版社
社　　址　上海市中山北路 3663 号　邮编 200062
网　　址　www.ecnupress.com.cn
电　　话　021-60821666　行政传真 021-62572105
客服电话　021-62865537　门市(邮购)电话 021-62869887
地　　址　上海市中山北路 3663 号华东师范大学校内先锋路口
网　　店　http://hdsdcbs.tmall.com

印 刷 者　上海昌鑫龙印务有限公司
开　　本　700×1000　16 开
印　　张　10.5
字　　数　157 千字
版　　次　2016 年 8 月第 1 版
印　　次　2016 年 8 月第 1 次
书　　号　ISBN 978-7-5675-4895-4/G·9225
定　　价　21.00 元

出版人　王　焰

目录

第三篇

课后评价

第一篇

课前准备

研读课标

什么是《课程标准》? 每一位新教师可能都有这样的疑问。《课程标准》是根据《义务教育法》、《基础教育课程改革纲要》制定的,规定了某一学科的课程性质、课程目标、内容目标、实施建议的教学指导性文件。《课程标准》提出了各学段学生总体发展的目标,是教师教学的航标灯。那么《课程标准》中的目标是怎样有效、有序地落实于日常课堂教学,怎样有效地兼顾学生个体差异的呢? 这是每位教师都必须静心思考的。

▶ **案例一**

"统计与概率"是小学数学的学习领域之一。请就"统计"这一内容,完成下列任务:

1. 简要阐述"统计"教学在小学阶段的主要目标。

2. 请你选择"统计"教学中的一个内容,简述这一内容的教学目标,以及它在整套小学数学教材中的地位与作用。

▶ **案例二** (案例提供:杨浦小学 刘晶)

教学目标:沪教版九年义务教育课本数学二年级第一学期"统计表初步"。

教学过程:

一、复习引入

数一数,每种动物各有几只,并填写表格。

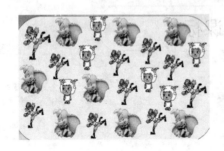

二、新授

1. 初次尝试流量统计。

(1) 数一数老虎、大象、猴子各出现了几次。

(媒体演示:老虎、猴子、大象按不规则出现——经过——消失)

(2) 思考:怎么才能正确、快速地收集到这些动物的数据呢?(板书:收集数据)

2. 采用团队合作分工统计。

3. 学习独立统计流量的方法。

(1) 思考并尝试独立统计:把听到的唱歌和跳舞的节目出现的次数用你的方法记录下来,并填写下表。(交流方法)

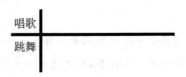

(2) 指导学生看书,了解划正字、划竖线的方法的优点。

三、由易到难地练习用划正字或划竖线的方法进行统计

1. 用听的方法统计并记录"鼓声"和"钹声"各出现了几次。

(1) 听音并记录。

鼓声

钹声

（2）教学"统计表"。（出示课题）简单介绍统计表的基本组成。

鼓声、钹声出现情况统计表

项目	次数（次）
鼓声	
钹声	

（3）指导学生填写统计表。

小结：通过统计表，可以把整理好的数据清晰地呈现出来。

2. 学习收集有用的数据。

（1）小象绕口令：10个数交替出现，只需记录3、6、9出现的次数。

数字出现次数统计

种类	次数（次）
3	
6	
9	

（2）根据表中呈现的信息，回答问题。如：哪个数出现的次数最多？"6"比"9"少出现几次？这三个数一共出现了几次？

小结：可以用这些数据帮助学生解决一些问题。

3. 拓展与提高。

（1）媒体出示：学生边看边记。

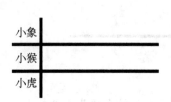

动物出现次数统计

种类	次数(次)
小象	
小猴	
小虎	

（2）观察上面统计表中的数据,学生尝试提问题。

四、全课小结并完整地板书课题

【案例分析】

一、对呈现案例的分析

（案例一）学习统计与概率的核心目标是发展学生的"统计观念"和"随机观念"。一般的统计教学的过程是:收集数据——分析数据——预测和决策。对于不同年段的学生,统计观念的建立该如何把握? 我们可以分这样四个阶段:一是学生能意识到要去收集数据;二是学生实践数据收集;三是有了数据后,会去整理和描述数据;四是根据数据能作出决策或解决问题。《课程标准》中从学年段上予以划分教学层次。统计与概率的学习是一个需要经历的过程,只有经历了统计的全过程,才能真正体会到统计的意义和价值,感受统计与生活的密切联系。学生在学习统计与概率的过程中,要熟悉它的基本思想方法。

（案例二）"统计表初步"是小学二年级第一学期的学习内容。在学习本册教材之前,学生在一年级已学会数物体的个数并把数据填写到表中的方法。如:

搭积木

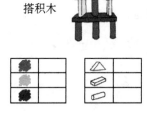

掷双色片

学生经过一年多的学习,有了解决加减法和乘除法问题的基础,对于呈现的数据,学生有简单地分析数据以及提出问题的经验。在对教材进行研读与分析后,教师设计了尝试记录由静态到动态的物体数据的实践活动,引导学生探究并体验根据统计对象的实际情况,选择合理的统计方法。鼓励学生经历收集资料、整理资料、呈现资料和分析解释资料的过程,获得初步的统计体验。同时通过本节课的学习,学生能初步了解统计表的结构与作用,为进一步学习统计图及理解统计图与统计表的不同价值作准备。

二、案例带给我们的问题思考

1. 分学段编制的目标及内容,如何在分年段的实际教学中加以实现?这些目标有层次吗?

2. 怎样结合课堂教学的内容,体现阶段目标达成度的检测与评价,并给不同层次的学生确定一个"跳"一下可以达到的目标,以保证不同学生对学习充满信心?

【策略】

一、了解《上海市中小学数学课程标准(试行稿)》的基本结构

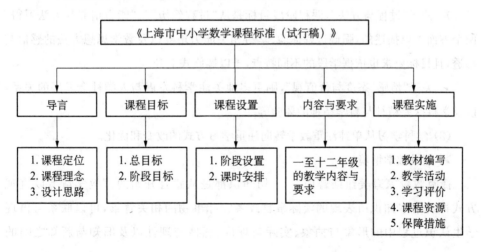

二、研读学科课程标准的基本策略

1. 读"导言"，把握学科基本理念。

《上海市中小学数学课程标准（试行稿）》"导言"部分从课程定位、课程理念、设计思路三个方面阐释了"数学是什么"、"中小学数学教育是什么"、"中小学数学教育应该怎样有效实施"等问题；提出了"数学是研究数量关系和空间形式的科学"、"数学是人类文化的一部分"；要求通过中小学数学教育"提高学生的数学素养，培育终身学习的基础"，突出并强调了学科的育人功能。

2. 读"课程目标"，明确学科教学的目标。

"课程目标"从"总目标"和"阶段目标"两个方面体现了"基础教育阶段的数学学习着重对全体学生强调：打好基础、学会应用、激发兴趣、启迪思维，获得积极的情感体验，形成正确的价值观"的课程目标。

(1) 目标从单纯地传授"知识与技能"这"一维"转向"知识与技能"、"过程与方法"、"情感、态度与价值观"这"三维"。

➤ 关于"知识与技能"，一至五年级数学教学的相关内容有"数与运算"、"方程与代数"、"图形与几何"、"数据整理与概率统计"等；六至九年级相比一至五年级则增加了"函数与分析"、"数学思想方法"、"数学基本技能"；十至十二年级相比六至九年级则增加了"定向拓展内容"。

➤ 关于"过程与方法"，课程阶段目标是从"过程经历"与"能力培养与方法习得"两个方面予以描述的，强调过程体验、学科相关能力培养以及数学思想方法的感悟与渗透，且目标要求也依据学段的不同特点，予以螺旋式上升。

➤ 关于"情感、态度与价值观"，则更多地关注学科发展与人类社会发展的关系，以及学科探究精神与科学精神的体验等。

(2) 学科学习从单纯注重教学转向注重学习方式的改变和优化。

➤ 创设教学情境。

捷克教育家夸美纽斯曾说："一切知识都是从感官开始的。"教学情境以直观方式再现书本知识所表现的实际事物或者实际事物的相关背景，可以联系与再现学生认识过程中的形象与抽象、实际与理论、感性与理性以及旧知与新知之间的关系和矛盾。创设情境既能为学生的学习提供认知停靠点,又能激发学生的学习心向。

> 设计数学活动。

"当知识与积极的活动紧密联系在一起的时候,学习才能成为孩子精神生活的一部分。"(苏霍姆林斯基)数学活动是指数学教育在活动中进行,活动既包括操作性活动(动手),也包括观念性活动(动脑)。学生在活动中,体脑结合,手脑并用,在具有现实情境的活动中去探究,去发现问题,解决问题,即引导学生开展观察、实验、猜测、验证、推理、交流、问题解决等思维实践活动,提高运用数学知识解决问题的能力。实现知识、技能以及情感的发展。

> 指导学习方法。

达尔文说过,世界上最有价值的知识是关于方法的知识。所谓"教师指导",就是教师对学生的学习活动进行"引导"和"疏导"。教师最重要的任务是让学生学会怎样学习和怎样思考,并慢慢地尝试着去解决遇到的"新"问题。可以这样说,学习是一个人从自然人走向社会人的必然途径与手段。每个人社会化的进程,从广义而言,都是一种学习的过程。明天的文盲不再是不识字的人,而是不知道怎样学习的人。

3. 读"课程设置",了解学科教学的总体安排。

"课程设置"是教学计划的核心部分,规定所学习的学科(科目)和活动,以及这些科目、活动的顺序和基本要求,并对每学年或每学期上课、复习、考试及假期作出安排。课程设置体现了为达到培养目标所应学习的基本内容。

4. 读"内容与要求",明确学科教学内容设置框架。

让教师知道引导学生学习的方法、学习的具体内容、学习的不同层次要求等,简言之,就是教师必须明确基本的学习要求。

5. 读"课程实施",提高实施有效教学的操作能力。

"课程实施"部分,分别就教材编写、教学活动、学习评价、课程资源以及保障措施等方面提出了教师学科教学实施的具体要求。特别对于"教学活动",《课程标准》指出"师生互动、共同发展;遵循规律、关注过程;严格训练,引导反思"的教学目标,并对每一个目标提出了具体的策略性建议。

【推荐阅读】

1. 上海市教育委员会.上海市中小学数学课程标准(试行稿)(第2版).上海：上海教育出版社,2004.

2. 中华人民共和国教育部.义务教育数学课程标准(2011年版).北京：北京师范大学出版社,2011.

3. 曹培英.《小学数学课程标准》"核心词"的实践解读(连载).小学数学教师,2015.

4. 任景业.走进孩子的课堂——研读课标的建议.长春：东北师范大学出版社,2014.

【问题思考】

就"方程与代数"这一学习领域,简要阐述其在小学不同学段的教学目标与课程设计。

(本主题撰写者：杨浦区教师进修学院　陈　谨)

主题二

研读教材

当初次翻开数学教科书,相信老师们一定会被那图文并茂、形象直观、生动有趣、贴近学生生活、充满时代气息的内容所吸引。当我们再用心去翻阅教材时,不难发现——教材呈现的教学内容精而少,往往只有主题图、学习小伙伴之间的简单对话或提出的几个问题。这样的数学课该怎么上?这点儿内容能上一节数学课吗?……作为新教师的你,一定有不少这样的问题。作为一线的教师,研读教材是备好课的基础和核心环节,是教师上好课的必要前提。那么数学教材怎么研读,它的出发点和目的到底是什么?

▶ **案例**　　　　　　　　　　(案例提供:上海民办打一外国语小学　翁勇)

工作效率、工作时间、工作量

教学内容:沪教版九年义务教育课本数学四年级第一学期第 44、45 页。

教学目标:

1. 通过分一分、说一说、做一做等操作活动反复体验和感知工作效率的含义,初步掌握"工作效率、工作时间、工作量"三者的关系。

2. 在具体情境中,能够运用"工作效率、工作时间、工作量"这组数量的关系解决实际问题。

3. 在分析、比较、归纳的学习活动中,激发探究的欲望,初步感悟"模型化"数学思想方法。

教学重点： 1. 知道工作效率的含义。

2. 初步掌握工作效率、工作时间、工作量三者的关系。

教学难点： 区分工作效率和工作量。

教学过程：

一、创设情境，自主回忆，激发需求

1. 情境出示：

(1) 早晨爸爸去加油站给车加油，共加油 50 升，付款 350 元，每升油多少钱？

(2) 今天出租车 5 小时一共行驶了 400 千米，平均每小时行驶多少千米？

(3) 今天爸爸 3 小时一共接送了 30 批乘客，平均每小时接送几批乘客？

2. 说一说思考过程。

3. 师生交流，引入新课。

二、信息整理，互动交流，初步感知

(一) 信息整理

1. 信息出示：

快递员叔叔 5 天共送 120 份快递，平均每天送 24 份快递。

玩具厂张阿姨平均每小时做 7 个小熊，做 14 个小熊需要 2 小时。

激光打印机每分钟打印 12 页纸，3 分钟一共能打印 36 页纸。

2. 信息分类：

如果给上面的数学信息分类，你准备分成几类？怎么分？

3. 汇总：

5 天	送 120 份快递	每天送 24 份快递
2 小时	做 14 个小熊	每小时做 7 个小熊
3 分钟	打印 36 页纸	每分钟打印 12 页纸

4. 认识"数量"名称：

工作时间	工作量	工作效率
5 天	送 120 份快递	每天送 24 份快递
2 小时	做 14 个小熊	每小时做 7 个小熊
3 分钟	打印 36 页纸	每分钟打印 12 页纸

(二) 反复感知,理解含义

1. 说一说快递员叔叔、张阿姨和一台打印机的工作效率。

2. 想一想,如何用一句话来概括什么是工作效率。

板书：每分钟(每小时、每天等)完成的工作量叫做工作效率。

三、游戏活动,加深体验,完成建模

(一) 体验"工作"

进行"敲章"活动并思考：在刚才的"工作"中,工作时间、工作量和工作效率分别是多少？并完成下列表格：

工作时间	工作量	工作效率

(二) 数学建模

归纳求工作效率、工作时间和工作量的关系式。

总结："工作效率、工作时间、工作量"是解决工作问题时经常要用到的数量关系。同时板书课题。

四、巩固练习,内化知识,拓展思维

1. 回答下列各题,说一说你的思考过程。

(1) 小朋友给小树苗浇水,每小时浇 14 桶水,3 小时共浇了多少桶水？

(2) 小胖、小巧、小亚和小丁丁一起折纸鹤,每小时共折 70 个纸鹤,折 280 个纸鹤需多少时间？

（3）小华看完一本 500 页的书需要 20 天，平均每天看多少页？

2. 根据下面的信息，你能提出几种问题？

今年国庆节期间，某游乐园售票处每小时售票约 300 张。

问题（1）：

问题（2）：

问题（3）：

五、课堂总结，自我评价，完善认知

通过今天的学习，你获得了哪些数学知识？

六、作业

了解一下爸爸（或妈妈）的工作，并收集与爸爸（或妈妈）的工作有关的数学信息，运用今天认识的"工作效率、工作时间、工作量"，设计三道数学题，记录在课堂练习本上。

【案例分析】

一、对呈现案例的分析

"工作效率、工作时间、工作量"是上海市九年义务教育课本数学四年级第一学期第四单元"整数的四则运算"中的学习内容。通过三年级的学习，学生已经初步掌握了"单价、数量、总价"和"速度、时间、路程"两组常见的基本数量关系，并且能够在具体的情境中运用这两组基本数量关系来解决实际问题。在学习这些知识的过程中，学生对数量关系式的"建模"也有了初步的体验。但由于"工作效率"的概念较为抽象，在学习过程中，学生很容易将"工作效率"与"工作量"混淆起来，因此本节课的关键点之一就是让学生正确理解"工作效率"的含义，并能够正确地区分"工作效率"和"工作量"这两个概念。

在本节课的教学过程中，首先，教师创设具体情境，帮助学生回忆"单价、数量、总价"和"速度、时间、路程"这两组数量关系，引导学生通过对信息进行分类、归纳，感悟不同的量所表示的含义，使学生获得关于"工作效率"与"工作量"的初步体验；其次，创设"敲章"、"收集与父母工作有关的数学信息"等学生自主实践活动，再次感悟"工作效率、工作时间、工作量"三者的含义以及它们之间的关系,体验数学概念在解决现实问题中的意义。本节课中的学习素材,取自于教材提供的例题与练习,教师又依据学生的认知与经验,将理解概念与实践体验进行了有效的整合。

二、案例给我们的问题思考——怎样研读教材?

1. 教材呈现的静态内容如何在课堂教学中予以动态化体现?

2. 怎样在研究学生的学习状态与经验的基础上,合理重组,优化教材资源?

【策略】

教材的价值不在于给人现成的东西,而在于给人创造的"起点"。那么如何研读教材呢? 可以尝试着从编者的角度,从自我解读的角度,从学生学习的角度等方面予以思考。

策略一:"五"读数学教材,理解编写意图

➤ 读"主题图"。

主题图的设计,在于体现"从学生经验与基础出发,经历从现实问题引申到抽象数学问题模型的过程,体现数学在生活中的解释与应用"的新课程理念。然而,很多主题图都是以"场景"的形式来呈现学习素材的,需要教师在自己研究的基础上,理解例题所蕴含的知识要点与学习重点,并以此设计有层次的学习活动。

➤ 读"例题"。

例题是教师教授新知的依据,又是学生获取新知的载体。教师对教材中例题的阅读,建议采用"单元例题整体解读"的方法。这样的解读,可以使教师理解单元中各例题之间的连接点——在教学中体现知识的联系与发展;辨析单元中各例题的不同侧重点——在教学中体现知识的区别与发展,从而准确定位各课时的教学目标,引导学生感悟知识学习由浅入深、螺旋上升的过程。

➤ 读"旁注"。

教材中的旁注,经常以这样的形式出现:学习实践活动的要求;小伙伴之间解决问题的方法交流;解决问题的思考方法的点拨提示等。能准确理解旁注的要求,并抓住教学的主要脉络,也是教师创造性使用教材的前提与保证。

> 读"结论"。

教材呈现的结论,是数学的概念、计算法则、公式、定律等。但是这些结论获得的过程,需要教师认真思考,为学生提供丰富的学习材料,引导学生经历观察、比较、辨析与归纳的过程。

> 读"习题"。

习题是小学数学教材的重要组成部分,是学生进行有效学习的重要载体。加强对教材中习题的研究,不仅可以激发学生的学习兴趣,提高学生数学思维品质,更可以培养学生良好的数学素养。习题不能简单地理解为学生作业,不能讲完例题后,依次练习走过场,而是需要教师仔细揣摩习题的编排意图。在对习题的评价中,除了关注答案的正确与否,更要重视解决问题策略的交流。

策略二:理清脉络抓联系,感悟学科本质

数学家苏步青曾说:"看书要看透,要看到书背面的东西。"数学教学中的"背面"其实就是数学思想方法。小学数学教材有一明一暗两条主线,"明"即数学知识,"暗"即隐藏的数学思想方法。教师研读教材的重点是要充分把握学科内容,做到将学科知识系统化。即不能仅仅局限在单一知识点的思考上,要能够了解知识的背景及与前后知识的关联,区分核心知识和非核心知识,分析理性思维过程和价值资源。另外,教师还应把每一节的知识点放回到知识的整体结构中去理解,在课堂中,教师不但要对教材概念的表述有清晰的认知,而且还要把讲解深入到知识的内在属性。事实证明,这是保证学生科学建构知识的有效途径。

策略三:联系学生实际,优化教材资源

叶圣陶说过,"教材只能作为教课的依据,要教得好,使学生受益,还要靠教师善于运用"。学生是学习的主人,由于教学设施不同,学生学习条件不同,学生所处的环境有差异,造成了学生认识的差异、接受事物能力的差异,因此在使用教材时不能全部照搬教材,不能搞"一刀切"。教师是学习的组织者、引导者与合作者,教师必须了解学生已有知识发展水平和已有知识经验,充分利用各种教学资源改造现有教材,合理使用教材,把教学定位在"最近发展区"。上述案例中,教师充分利用学生已有的关于基本数量关系建模的过程经验,通过比较,概括并感悟数学表达的简洁性、合理性。

附:绘制五棵"树",是研读教材的有效途径

第一棵树:绘制出本单元知识内容在学段相应知识体系中的位置。

尝试这样做:1.按照《课程标准》确立关于本单元所涉及知识体系(或知识板块)的总体目标,确定本单元教学的具体目标。2.分析本单元知识的学习,以及学生已有的知识与经验有哪些,对后续知识学习会产生哪些影响。

第二棵树:单元知识树。

尝试这样做:突出三个"点"、一个"眼"。1.本单元教材知识的重点、难点、易混点以及相应的解决策略。2.突破教学难点的关键是什么,通过怎样的形式去分解教学难点,即"眼"。

第三棵树:单元知识的整合思路、整合方法及整合的具体内容。

尝试这样做:1.依据教材知识结构、学生已有的知识经验,合理调整、补充、取舍教学内容,为学生有效学习、知识构建、融会贯通提供条件。2.在合理整合教材的基础上,科学划分课时,具体分解课时目标与学习内容,以便使每节课教学目标有效落实,确保单元整体教学目标的有效实现。

第四棵树:教学资源的挖掘与利用。

教具准备、学具准备、实验准备、课件制作、调查问卷、实践活动、再现哪些问题情境等等,都将关系到学生能否开展高效的学习。作为一名教师,要明确本单元的教学内容,明确哪些教育资源可以利用、可以挖掘或可以重新整合。

第五棵树:单元达标练习设计。

依据课标及单元教学目标要求,设计用一课时时间可以完成的单元达标练习(试卷)。建议教师逐题说明设计的意图和检测所运用的知识点。这样可以提高检测的质量,避免教师筛选习题时的随意性。

【推荐阅读】

1. 金成梁,周全英.小学数学教材概说.南京:南京大学出版社,2000.

2. 斯苗儿. 新教材策略例谈. 小学数学教育, 2016(11).

3. 曹培英. 适应课改要求　把握教材特点　改进数学教学. 中小学教材教学, 2012(2).

【问题思考】

1. 就小学教材中"数的认识"的相关内容, 做一次整体研读与分析：

(1) 关于数的认识, 教材分了哪几个阶段进行?

(2) 教材呈现的学习内容, 基于学生怎样的认知经验?

(3) 尝试绘制小学阶段关于"数的认识"的知识结构图。

2. 就你执教的年级, 选一个单元的内容, 做一次单元教材的整体分析。尝试绘制五棵"知识树"。

(本主题撰写者：杨浦区教师进修学院　陈　谨)

了解学生

我们知道因材施教是教学中一项重要的教学方法,在教学中根据不同学生的认知水平、学习能力以及自身素质,教师选择适合每个学生特点的学习方法进行针对性的教学,发挥学生的长处,弥补学生的不足,激发学生学习的兴趣,树立学生学习的信心,从而促进学生全面发展。

要做到因材施教,首要的任务是了解学生,对每个学生要有一个全面的、客观的了解。而了解每个学生对老师来说并不是容易的事。许多人初当教师时,认为只要按照自己的教学设计把课讲授好就大功告成了。实践中发现,教育既是知识的传播,同时也是一种情感的共鸣,只有让心与心交融,真情地融入学生当中,充分地了解每一个学生,才能有效提高教学效率。

那么教师怎样充分了解学生呢?其实对学生充分了解是教师学科教学智慧的基础。教师不仅要了解学生普遍的认知水平、认知规律,还要了解孩子的学习特点、学习兴趣、学习动机等,从具体教学内容的角度来解读学生,从而制定切合学生实际的教学目标。

▶**案例** （案例提供：上海市第二师范学校附属小学　郑钟雯）

教学从了解学生开始
"平行"教学例谈

[背景分析]

著名的教育心理学家奥苏伯尔说："如果我不得不把全部教育心理学还原为一句原理的话，我将会说，影响学习的最重要因素是了解学生已经知道了什么，根据学生原有的知识状况进行教学。"所以说，备课时要"备学生"，了解学生原有的知识状况和学习能力，了解学生的兴趣和愿望，把教学定位在"最近发展区"，同时把教材与学生的生活经验和情感体验结合起来，设计有效的提问，使教学充满生活气息和生命活力。现以"平行"教学为例，就对如何从学生的认知起点出发设计有效提问的点滴思考与大家分享。

[教学片段]

片段一：引入平行

1. 画三条直线 a、b 和 c，说一说它们的位置关系。

2. 反馈：大多数学生出现以下几种情况：

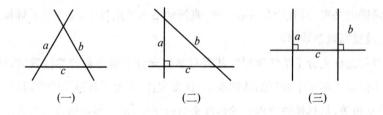

（一）　　　　　　（二）　　　　　　（三）

3. 追问：

（1）追问一（若没出现第三种情况时）：在这张纸上画三条直线，除了相交和垂直，还会有什么可能？

（2）追问二（指第三种情况）：直线 a 和直线 b 的位置关系是怎样的？

4. 小结并揭示课题：我们今天研究的平行也是两条直线的位置关系，究竟怎样的两条直线才能称为平行呢？

片段二：辨析、概括意义

1. 感知"同一平面"——补充完善概念。

判断一：两条不相交的直线互相平行。

直线 a 和 b 都垂直于直线 c，则直线 a 和 b 一定互相平行，学生用两支铅笔演示：这两支笔不在同一平面上，它们没有相交，但也不平行。学生用三支铅笔演示：两支铅笔不在同一平面上，它们同时垂直于第三支铅笔，但是它们也不平行。

根据学生的回答，教师可补充演示：不在同一直线上的两根小棒，或相交于同一个顶点的正方体的三条棱，其中一条棱同时垂直于另两条棱。

补充板书：在同一平面内。

2. 加深意义理解。

判断二：直线 a 和 b 都不垂直于直线 c，则直线 a 和 b 一定不平行。

出示：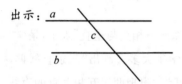

请学生检验直线 a 和 b 是否平行。

生：我画了一条直线 d 让它垂直于直线 a，发现直线 d 也垂直于直线 b，所以直线 a 和 b 平行。

生：我还发现直线 c 与直线 a、b 相交形成了几个相等的角。

师：我们可以通过测量两条直线是否垂直于同一条直线来判断这两条直线是否平行。而有关平行线的性质我们以后还会继续学习。

[理论分析]

"平行"取自上海九年义务教育课本小学数学新教材四年级第二学期几何小实践单元。沪教版四年级第二学期的教学参考中，对"平行"这一教学内容的处理进行了一番备注，备注中指出："平面"的概念很抽象，"在同一平面内两条不相交的直线"这一平行线概念也无法通过操作活动和行为来使学生认识。只有通过折叠或画这样的活动来抽象概括"平行"的概念，也就是让学生通过"先折叠、画垂线后折叠、画平行线"来

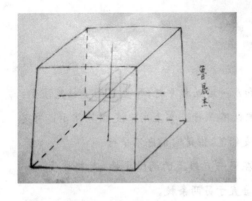

感知平行的概念,平行是建立在认识垂直的基础上的。因此教材对平行作了一个描述性的定义:像这样垂直于一条直线的两条直线互相平行。但我在教授了垂直以后发现,学生对"同一平面"的认识,远远超出我们的想象。

他们不仅能理解"同一平面",且对三维立体的图形也能有初步的认识。基于"数学教学活动必须建立在学生的认知发展水平和已有的知识经验基础之上",我对"平行"的教学进行了如下设计。

一、激活经验,感知特征

上课伊始,从学生已知的"两条直线的位置关系——相交与垂直"入手,请学生在学习单上画三条直线,并说一说它们的位置关系,学生大多会画出"三条直线两两相交,但不出现互相垂直"、"出现一组互相垂直的直线"、"出现两组互相垂直的直线"这样三种情况,由此观察并引出平行,并用自己的语言描述平行线的本质特征,既了解学生的学习起点,激活学生已有的认知经验,又帮助学生准确把握新旧问题的衔接点,找准新问题的生长点。

二、加深理解,抽象概括

"认识平行"对小学四年级的学生而言还是比较抽象的,这些抽象的知识对于学生的知识体验无疑是一次挑战。因此,要在学生已有一定表象认识的基础上,努力从学生的角度出发,引导学生在动手操作中体验知识技能的形成,并借助生活中的现象帮助学生理解平行的含义。先通过自学进一步理解平行线的意义,紧接着,通过辨析句义、观察、操作检验等活动进一步抽象概括平行线的定义,引出"同一平面"的概念。这样注重了学生生成性学习的过程,且充分体现以学生为主导,层层递进地揭示概念的教学模式。

三、学以致用，深化巩固

学生结合生活实际用语言描述生活中的平行现象，加深理解平行的意义，并通过"说一说"、"折一折"、"找一找"的实践活动，从具体形象的操作中抽象概括平行的特征，不仅让学生感受到数学活动的探究性和创造性，并且让他们在判断两条直线（或线段）是否平行的过程中，养成科学严谨的良好学习习惯。

[教学反思]

本节课中，学生从平行概念的引出、完善到理解，都学得很轻松、愉悦、有满足感，且思维活跃，有一定的深度。学生在各种小组合作交流、动手操作等活动中，较好地调动了学习的积极性与主动性，并结合自己具体的操作活动，感悟、体验和探索了新知，这样的知识来得丰富、深刻，难以忘怀。由此我领悟到：课堂教学是一个有目的、有计划的活动，要拥有一个富有生命力的课堂，教师在课前必须对自己的教学设计有清晰、理性的思考，既要注意把握教材内容实质，又要关注学生的知识基础和相关经验，所以根据教材内容设计有效的课堂提问，并组织相关的教学活动就显得至关重要，我想在今后的教学中我还将努力做好以下两点：

一、研读教材，设计思考性的有效提问

研读教材是备好课的基础和核心环节，也是教师上好课的必要前提。在认真把握教材重、难点的基础上，通过有效提问，可以激发学生的数学思维，引导他们进行创造性的思考。因此，我们在设计问题时，要注意问题的思考性，应根据学生的年龄特征和认知水平设计相应程度的问题，并注意设计问题时，要为学生提供一定的思考和探索的空间。

这节课学生能够在动手操作的过程中逐步认识、完善并辨析平行的概念，是以认识长方体、正方体的框架特征和垂直概念为基础的，因为学生的创新能力不是一节课就能培养的。因此，在进行本单元教学时，我根据从"生动的直观"到"抽象的思维"的认识规律设计、组织各种操作活动，让学生经历自主探索的过程，从寻找生活中互相垂直的线段，到今天通过多种方法举证辨析抽象的"同一平面"这一概念，使学生体会到

数学知识的严密性和科学性,感受到数学知识的严谨之美。因此,有效的课堂提问可以引导学生进入更深层次的思考,从而帮助学生培养积极思考、自主探究的学习品质。

二、"研读"学生,设计针对性的有效提问

每一位学生都有自己的个性特点,因此,我们在教学过程中应当按照因材施教的原则,了解学生的知识基础、能力水平和个体差异,根据学生已有的知识经验提出问题,找准学生已有的知识结构与本节课新知识之间的衔接点,找出新知识与旧知识之间的内在联系,以此作为设计问题的突破口,让学生了解所学新知识的"基础"在哪里,在此基础上探索新知识,从而把新知识转化成已学过的知识,迸出思维的火花,顺利获取新知识。我们提出的问题要比学生的知识水平稍微高一些,让学生"跳一跳能够得着",经过思考,能摘到思维的果实。因此,应根据不同的学生设计具有针对性和个别性的提问,调动每一个学生的积极性,让他们都有表现自己的机会和获取成功的可能,从而让每个主体都能发挥自己的作用。

【策略】

一、最需要了解学生什么?

也许你会说:"教师真的能把学生了解得那么清楚么?应该了解到什么程度?怎样才算了解了一个学生呢?"针对这个问题,我想,作为一名数学任课教师,应该有以下几方面的了解。

1. 了解学生的生活习惯。

了解学生的生活习惯(指学生生存和发展过程中在进行各种活动中长期逐渐养成的、一时不容易改变的行为、倾向),针对他的不足提出有针对性的意见,这可以让实施的教育行为做到有的放矢,避免不必要的师生冲突,使沟通更顺利。

2. 了解学生的个性特点。

不同的学生有不同的生活经历、受教育经历和家庭环境,在这些因素的共同影响下,学生形成比较固定的特性。其实,个性的存在是有条件的、暂时的、相对的。在现

实生活中,我们对学生的个性特征把握往往比较模糊,也很少真正地了解学生的个性,比如,常常听到这样的说法:这个学生的个性太好强了,不好管。其实,个性不同是有其显性特征的。我们了解学生的个性,分析其显性特征,就可以对学生的个性进行引导。

3. 了解学生的行为方式。

对学生提出同一问题后,我们会发现他们有不同的行为表现,而这些行为都受到思维的支配,这种思维有时是显性的有意为之,有时是一种潜意识的直接反映。了解学生的行为方式,就会避免一些误解,从而使师生相处与交流更为融洽。比如说,有些学生表达亲近的方式是把手搭在你的背上,有些学生的方式是挽着你的胳膊走一段路,而有些学生的方式则是跟你聊天……

4. 了解学生的思维方法。

思维是人类特有的一种精神活动,学生的思维表现在其生活、学习过程中,逐渐形成解决说话、行动等问题的门路、程序。比如说考试成绩不理想,学生就会呈现出不同的思维方法,有的改变分数来骗家长,有的会把真相告诉家长并准备接受惩罚等,了解学生的思维方法,可以让我们更好地把握学生的行为动向,尽可能地避免不必要的损失和冲突。

5. 了解学生的困难疑惑。

在学生困难疑惑处给予他们正确的指导和帮助,那才是真正的教育。在学生接受关心和指导的时候,还可以对其数学学习情感进行正确的引导。

6. 了解学生的学习起点。

从实际的教学过程看,学生进行学习时,由于每个人的知识背景不同、学习原始状况不同等方面的原因,在学习之前,已经有了不同程度的生活经验和知识积累。所以,必须重新认识学生,从学生的实际出发备课,在备课时认真思考以下问题:

(1) 学生是否已经具备了学习新知识所必需的知识技能?

(2) 学生是否已经了解了有关的学习内容?有多少人了解?了解了多少?达到什么程度?

(3) 哪些知识是重点、难点,需要教师在课堂上点拨和引导?

（4）哪些内容会引发学生的兴趣和思维,成为课堂的兴奋点?

上述问题可在教学前或开始时进行了解,教师根据了解的实际情况组织教学活动。这样的备课和上课才能想学生之所想,急学生之所急,使学生在一堂课中不断地发现问题、解决问题,始终处于主体的地位。

二、如何了解学生?

学生走进教室时并不是一张白纸,数学教学活动必须建立在学生的认知发展水平和已有的知识经验基础之上。建构主义理论也明确指出:学生的数学学习不是知识的简单接受过程,而是学习主体基于自身原有生活经验与知识基础的主动建构过程。因此,只有尽可能多地了解学生,分析学生,掌握学生原有的生活经验和知识背景,把握学生的学习心理、学习品质,才能做到准确、恰当地预设,才能确保有效教学的开展。

了解学生的途径很多,课外的交往接触、课堂上的互动交流、课后的作业评价等等,都是非常便捷的方法。作为一名数学任课教师,我认为可以从以下几方面着手。

1. 形成融洽的师生关系。

"亲其师,信其道",如果老师能和学生有良好的沟通,形成融洽的师生关系,教学效果一定是事半功倍的。因此教师要深入学生,了解学生的兴趣、爱好、喜怒哀乐等情绪的变化,时时处处关心学生、爱护学生,有的放矢地帮助学生,让自己在学生的眼中不仅是一位可敬的师长,更是他们可亲可近的朋友。也可以通过家访等形式从学生的生活环境中了解学生,关心学生的生活、身体和家庭情况,尽可能地帮助学生解决一切不利于学生学习成长的因素。同时,根据各种情况来确定学生的学习困难,并采取相应措施。

2. 分析学情,了解学习起点。

课前的学情分析包括的内容很多:了解学生已有的知识背景和生活经验,了解学生的数学思想方法基础,了解学生喜欢的听课方式以及感兴趣的学习内容等等。而要做到这些,就需要教师在备课时,走进学生中间,了解他们对即将讲解的内容有无兴趣、他们的知识储备和他们所关心的话题。

教师做学情分析时,可以考虑以下这些问题:(1)学生是否已经具备了进行新的学习所必须掌握的知识和技能?(2)学生是否已经掌握或部分掌握了教学目标中要求学会的知识和技能?没有掌握的是哪些部分?有多少人掌握了?掌握的程度怎样?哪些知识学生自己能够学会?哪些知识的学习需要教师的点拨和引导?

当然,可以布置一些预习任务,从预习反馈中了解学生的兴趣点、兴奋点,并把学生的兴趣点和兴奋点转化为教学的重点或生长点;同时,又把教学的重点、难点转化为学生的兴趣点、兴奋点。让学生开展课前的自主预习,学生丰富多彩、各具特色的预习笔记成了教师组织下一步学习活动的"教参"和最有活力的课程资源。教师的备课方式也就由主要依据教学参考书、备课用书转变为主要依据来自学生的学习信息,找准了学生的学习起点,就自然而然地实现了从学服从于教到以学定教的转变。

3. 作业分析及时反馈学习信息。

数学作业作为课堂教学的延伸、学生学习内容的巩固和反馈的重要手段,其重要作用是毋庸置疑的,因为作业分析能进一步暴露学生真实的思维过程。

首先,作业及时、有效的反馈有助于补缺、补差。教师及时、有效地对学生的作业进行反馈,能使教师很好地了解学生哪些知识已掌握了,哪些知识比较欠缺,从而对学生的作业进行个别辅导,使每个学生的学习都得到提高。学习困难学生的产生有多种原因,但很大一部分原因在于信息反馈的滞后。在课堂教学活动中,他们思维的节奏比正常学生缓慢,来不及将思维中有疑问的信息反馈给教师,教师却已开始进入下一阶段的讨论,很难知道他们到底掌握了多少知识。通过作业的反馈,教师可以从中及时了解学生对知识的掌握程度,然后对他们还没掌握的知识进行补缺、补差,从而使困难学生的成绩有所提高。

其次,作业及时、有效的反馈有助"减负"。及时、有效的作业反馈,能为教师制定教学计划、选择教学方法、掌握教学时间提供一个有效的信息依据,教师能够根据学生作业反馈出来的问题,及时调整和改进教学。作业是师生信息反馈的载体,教师将知识的信息输送给学生,学生在接受信息的同时,又把构建认知结构的一些信息反馈给教师,教师依靠信息反馈,清晰地了解学生课堂活动中掌握知识的情况,从而根据学生的实际,有的放矢地大幅度减轻学生过重的负担,避免学生作业中单调、呆板的多次重复现象。这样,既减轻了学生过重的负担,又提高了学生学习的质量。

总之,学生是发展的主体、学习的主人。分析、吃透学生情况是备课的一项重要内容。不了解学生,就难以因材施教、顺学而导;分析、吃透学生情况也是备课的难点,要知难而进、知难而上、知人善教。学生是一本书,一本无限丰富、无限精彩、拥有无限可能的、活的无字书。学生这本书,需要教师用脑、用心、用时间读,用毕生的精力去读。教师要把握时机,注意方法,尽可能全面细致地去了解自己的每一个学生,这样才能更好地搞好我们的教育教学,更好地"因材施教",更好地引导、塑造我们的学生,才能使每一个花朵——学生都能健康、快乐地学习成长,成为祖国未来的栋梁。

【推荐阅读】

姚计海.教师与学生的心理沟通.北京:北京师范大学出版社,2013.

【问题思考】

面对学生发展过程中出现的问题或不足,你如何就不同的问题情境,找出有效的沟通方法?

（本主题撰写者：上海市第二师范学校附属小学　郑钟雯）

主题四

资源的利用与整合

　　《数学课程标准》指出：广大的数学教育工作者和数学教师，都应该"因地制宜，有意识、有目的地开发和利用各种数学课程与教学资源"。教学资源的开发、利用、整合、优化已经成为现代国际数学教学课程改革的一大发展趋势，教材作为一种重要的教学资源而存在，如何既利用好教材，又充分利用已有的或可以创造的教学资源，以适应教师的教学需求和学生的学习需求，成为教学设计中的重要问题。如今网络的日新月异，使得教学资源不断增多，这意味着教师教学设计选择的余地加大，机会增多。什么是教学资源？教学资源是指构成教学活动各要素以及实施教学的必要而直接的条件。从广义上来讲，课堂教学资源是指支持课堂教学开展，并为课堂教学利用的各种条件。这些条件既可以是物质的，也可以是非物质的；既可以是有形的，也可以是无形的；既可以是被利用的，也可以是潜在的。从狭义上来讲，课堂教学资源是指对课堂教学起作用的事物，如课堂教学时间、教学资料（包括课程内容和辅助资料）、教学设备、教学环境、教学群体、教学技术（教法学技、应用技术、信息技术）等，都是可供开发、整合和利用的课堂教学资源。只要是能够在一定程度上被课堂教学所利用，为一定的课堂教学活动服务，支持课堂教学活动的顺利开展的条件，都可以称之为课堂教学资源。

　　如何对众多教学资源进行整合和优化，教学资源的适切性程度如何，势必是我们教学改革应该关注的聚焦点。

▶ **案例一：挖掘、重组教材空间，完善知识体系的构建**

案例背景：

教学应以人为本，关注学生、关注过程、关注发展。要体现这一理念，必须"用好——尊重教材、用活——理解教材、活用——创生教材"。而创造性地使用教材要求教师在充分了解和把握课程标准、学科特点、教学目标、教材编写意图的基础上，从学生的学情出发来了解学生，并以教材为载体，灵活有效地组织教学，拓展课堂教学空间，提高课堂教学的有效性。

案例内容：

《平行四边形——动手做》是九年制义务教育课本（试用本）五年级第一学期第五单元的教学内容，包含两个实验：（1）沿对角线把平行四边形剪成两个完全相同的三角形，验证平行四边形对边及对角的关系；（2）用小棒首尾相连围三角形、平行四边形框架，发现"三角形三条边的长度确定了，它的形状、大小也就完全确定了"、"平行四边形四条边的长度确定了，它的形状、大小还不能完全确定"。之前，学生已学过了平行四边形的定义、特点、面积计算方法（对教材进度进行了调整）等，这些知识是探究三角形、平行四边形特性的知识基础。由于三角形、平行四边形的特性在实际生活中的运用是非常实用而广泛的，所以让学生通过自主探究来理解其含义是非常必要的。

本课的教学设计力求运用知识的迁移规律，对学生的已有知识基础、教材教学内容等学习资源进行挖掘与组合，使学生在问题情境中，通过具体操作、自主探索、同伴合作等学习活动体验整个知识获得的过程，从而发现三角形、平行四边形的特性，初步建立新的认知结构。如果学生不会计算平行四边形的面积，那么他们对"平行四边形四条边的长度确定了，它的大小还不能完全确定"这一发现只能停留在初步的感悟上，而无法进行科学验证。因此，我对教材知识点的安排作了调整，在教学前先组织学生探究出了平行四边形面积计算的方法，使学生能在学习中有理有据地探究出当边的长度确定后平行四边形框架面积变化的情况，使学生能在积极参与探索"三角形、平行四边形的特性"的数学学习活动中，体验合作学习的乐趣，激发学习数学的兴趣。教学过程主要分为操作、探究、了解三个模块。

一、动手操作、初步感知

操作一：组织学生把一张平行四边形纸片沿其一条对角线剪开，通过观察、比较、叠合再次验证平行四边形的对边及对角的关系，并发现对角线能把平行四边形分成两个完全相同的三角形，这也是学生今后推导"三角形面积"的方法之一。

操作二：组织学生看一组自行车、升降机、电动门等的照片，引起学生"为什么有的物体里有三角形，而有的物体里有平行四边形"的疑问，使学生带着问题进行搭三角形、平行四边形框架的操作活动。学生初步感知：三角形三条边的长度确定了，它的形状、大小也就完全确定了；平行四边形四条边的长度确定了，它的形状、大小还不能完全确定。

二、自主探究、构建新知

探究一：平行四边形、长方形、正方形的关系

提出问题，引起学生思考：我们搭的是否都是平行四边形，依据是什么？是否有特殊情况，特殊在哪里？

学生经过独立思考、小组交流，探究出所搭框架无论怎样拉动都是平行四边形，因为它们的边的长度已确定，对边一定平行。虽然所搭的都是平行四边形，但变形到一组邻边互相垂直时就变成了长方形，长方形具备平行四边形的"对边平行且相等、对角相等"的特征，是特殊的平行四边形，特殊在四个角都是直角。

探究二：由四条边的长度确定的平行四边形的面积变化情况

再次提出问题，引起学生思考：平行四边形四条边的长度确定后，大小（面积）为何不能完全确定？面积怎么变化呢？什么时候最大？什么时候变小？

学生又一次经过独立思考、小组交流，探究出：四条边的长度确定后的平行四边形框架，变形成长方形时面积最大，向左右拉动的角度越大，面积越小。

由此，学生通过充分的动手操作与合作交流，验证对三角形、平行四边形特性的猜测，整理平行四边形、长方形、正方形三者之间的包含关系，从而突破教学难点。同时学生动脑思考、动口表述、梳理知识的能力得到了提高，大胆猜测、合理推理、科学验证的良好学习品质获得了培养。

三、结合实例、加深理解

使学生对三角形、平行四边形的特性的实际使用价值获得感性、直观的了解,通过课件分析、学生举例、结合生活实例来了解它们在生活中的运用,借此使学生继续了解"生活中处处有数学",并激发学生学习的潜能和兴趣,并感悟:学习要善于发现,勇于探究,勤于动脑,敢于创新,只有把学到的本领加以运用,让它为我们的学习、生活、工作服务,学习的价值才能获得更大的体现。

【案例分析】

新课程标准提倡在解决数学问题的过程中,重视对数学基本能力的培养。例如:通过操作、观察、分析、比较作出初步的抽象、概括,进行简单的判断、推理等等。

一、呈现生活现象,让学生带着问题进行思考

本课教学时先组织学生看一组照片,让学生带着问题展开思考,在课堂实践中,学生提出了许多有价值的问题,如:为什么有的物体里有三角形,而有的物体里有平行四边形? 三角形和平行四边形在这些物体中起了什么作用? 这样,经过操作、思考、交流、感悟,学生再回过来分析时就能理解"三角形三条边的长度确定了,它的形状、大小也就完全确定了",因此三角形比较稳定,能起到很好的支撑作用;"平行四边形四条边的长度确定了,它的形状、大小还不能完全确定",所以平行四边形有容易变形的特性,因此升降机、电动门等用到了平行四边形。这样的课堂更自然,更尊重学生的思维,也更鲜活。

二、注重学习体验,使学生愉快地参与活动

课堂实践中,学生对于"用长方形细纸条搭三角形、平行四边形框架"的操作活动的兴趣非常浓厚。教学时,组织学生在搭三角形框架后进行了两次比较:第一次借助实物投影仪比较一组选择同样的长方形细纸条搭的三角形,学生初步发现"选择同样

的长方形细纸条搭出的三角形形状相同、大小相等";为了让每个学生都能体验此发现,我组织了第二次比较,让全班学生拿着自己搭的三角形框架,与选择同样的长方形细纸条搭出的三角形进行比较,这样每个学生都在愉快的实践比较中充分体会了"三角形三条边的长度确定了,它的形状、大小也就完全确定了"的事实。

搭平行四边形框架后,学生被平行四边形框架能被拉动的有趣现象深深吸引了,纷纷主动展开了两轮热烈的讨论。第一轮讨论不仅发现了"平行四边形四条边的长度确定了,它的形状还不能完全确定",还研究出这个框架拉动的每一个瞬间都是平行四边形以及此发现的依据,还有理有据地探讨出了平行四边形、长方形、正方形的关系。第二轮讨论不仅发现了"平行四边形四条边的长度确定了,它的大小还不能完全确定",还研究出了面积变化的规律。由此,学生的思维火花一次又一次燃烧,学习热情越来越高涨。

▶ **案例二:运用 iPad 中的 iSchool 平台辅助教学**

教学内容:九年制义务教育课本四年级第一学期第 40—42 页"分数墙"。

片段一:借助 iPad 收集的资源,将旧知和新知关联。

1. 复习旧知。

教师利用 iPad 通过 iSchool 平台向学生推送三道分数加减法的计算练习,并及时统计反馈练习情况。

2. 认识分数墙。

利用 iSchool 平台,师生一起制造分数墙,并进一步观察、理解和掌握分数墙的功能。

在分数墙上我们能直观地看出分数的大小,能进行同分母分数的加减运算。

片段二:利用 iPad 展示的资源,突破教学难点。

1. 寻找相等分数。

学生借助技术平台,寻找分数墙上的相等分数。

2. 猜想、验证相等分数。

师:刚才同学们真了不起,找到了那么多相等的分数,现在老师脑中出现一个分数——$\frac{4}{6}$（板书：$\frac{4}{6}$）你认为和它相等的分数有哪些？请你在课堂练习本上写一写，然后用分数墙帮你来验证一下，好吗？（学生找到了很多与$\frac{4}{6}$相等的分数）

在寻找相等分数的过程中，发现了数学规律。

【案例分析】

案例二主要集中于两个问题：

1. 如何在课堂上收集更真实、更有效的数据，辅助教师教学？

传统课堂上，教师有的通过巡视获取学生完成练习的情况，有的通过让学生举手来统计完成练习的正确率，这些获取数据方式的速度比较慢，并且存在不真实性。可利用 iPad 上的 iSchool 平台及时汇总学生的学习情况。如本节课中，课的一开始教师就通过发布一组练习题，检测学生关于"同分母（分子）分数大小比较"以及"同分母分数加减法计算"的掌握情况，快速收集到的数据可以帮助教师把握教学起点，也为学生提供自我评价的机会，为后继"分数墙"的学习做好铺垫。

2. 如何整合各种形式的资源，帮助学生掌握重点，突破难点？

iPad 中可以储存很多教学资源，如文本资料、图形图像、动画视频等，将这些资源有效整合，不仅能够帮助学生自主探究新知，而且能够帮助学生掌握重点、突破难点。如本节课中，通过利用 iPad 观察、操作、交流，帮助学生理解"分数"和"分数墙"之间的对应关系，并在运用"分数墙"检验基础评估题的过程中梳理并进一步巩固"分数大小比较的方法"及"同分母分数加减计算方法"。本节课中，教学重点是在分数墙上找相等的分数，教学难点是发现和探究大小相等的分数。以往的传统资源，学生只能看静态的图片，学生在找相等分数时花费的时间比较长；而本节课中，在 iPad 动画的支持下，学生能高效率地发现、收集多组相等分数。在数字化教学环境下的"分数墙"，可以更加直观地展示问题，学生能个性化地研究问题，并在经验的积累中，自主地发现规律，运用规律。

【策略】

1. 正确使用教材资源。数学教材为教师进行课堂教学提供内容依据,具有指导性和实践性,是一种公共的教学资源。此外,教材还隐含着一些"言外之意,弦外之音"的想象元素,具有启发思考创新的效应。这就需要教师更深层次、多维度地开发教材资源。教师在备课时不仅要正确理解教材的内涵,领会教材编写的意图,理清教材前后的联系,还要适当考虑教材产生的可能的、隐性的外延。同时要创造性地使用教材,在尊重教材的基础上敢于质疑和批判,善于提出合理的想法和独到的见解,学会灵活地处理教材。

2. 善于利用学生资源。在数学课堂中教师必须善于洞悉学生的心理特征,通过多种手段适时地让更多的学生点燃学习的热情,培养积极的情感态度,使学生愿学、乐学,更加自信,走向成功。在教学过程中要重视学生所闪现出的生成性资源,不仅要善待正确资源,也要正视错误资源,认识到它的价值,通过错例引发学生的反思,在反思中教育学生,提升学生的认识,促进学生的共同发展。由于不同的学生在知识经验和认知水平上存在着差异,每个学生都会有各自的思维方式和解决问题的策略。因此,在教学中我们必须把学生的个体差异视为教学资源,因势利导,使不同的学生得到不同的发展。

3. 合理开发生活资源。生活是丰富多彩的,生活中充满了大量的信息资源,正因为数学源于生活,所以它为数学课堂提供了丰富的教学素材。新的课程标准强调数学课程应从学生已有的生活经验出发,让学生亲身经历将实际问题抽象成数学模型并进行解释与应用的过程。所以在教学中,教师要联系学生已有的生活经验,为学生创设学习数学的生活情境,让学生通过自主探究、动手操作与合作交流等学习方式学习数学,从形象到抽象,让学生经历探索数学知识的过程,在掌握数学知识的同时能运用所学知识解决实际问题。

4. 整合、开发技术资源。新一轮课程改革强调,要改变课程结构过于强调学科本位、科目过多和缺乏整合的现状,加强课程综合性。现代技术参与学习,改变了教学资源呈现方式,特别是能把文本、图形、图像、动画、声音和视频集成处理,有机整合在一起,加以教师的讲解、说明,构成了一个全方位的网络刺激系统,综合作用于学生的视觉、听觉和触觉,从而充分调动学生学习的积极性,发挥学习的最大潜能,提高教学质量。教师可以根据教学目标的需要,采取对网络学习资源的二次开发,丰富学生获取信息的途径,提高课堂教学的有效性;还可以将教学资源上传到"云"端,学生可以在课后通过客户端进行访问,对课堂上所学的知识加以复习和巩固,使数学课堂教学得以拓展延伸。

【推荐阅读】

1. 小学数学课堂资源的整合与利用 http://www. cnki. com. cn/Article/CJFDTotal - KDZK201469077. htm

2. 小学数学教学资源整合优化的案例研究 http://blog. sina. com. cn/s/blog_9d3cf8110101dfge. html

3. 互动反馈技术支持(pad 资源)的课堂模式探究 http://wenku. baidu. com/link?url=－wWz_zwEkvu4diA1N7wYn3HiQ1Kvxa9JHSy1UQDFQqMh8uFVNTJwhkctse5q2MKVeTdPiCJCju0FEExCk4MgBKjyrwS3rfeN2EfslS2rhjC

【问题思考】

请选择一种"教学资源的利用和整合"的策略,设计一堂教学实践课,并撰写教学体会与反思。

(本主题撰写者:打虎山路第一小学　张　丽

平凉路第三小学　王佩贞)

主题五

撰写教案

（一）活动设计

"活动"是儿童感知世界、认识世界的主要方式，也是儿童进行社会交往的最初方式。儿童在"研究数量关系和空间形式"的过程中，同样离不开相应的活动。数学活动是为了学习数学知识、习得数学技能、促进数学思维发展、提高数学素养而实施的活动，具有很强的目的性。新课标背景下的小学数学课堂教学强调数学学习过程的活动性，突出数学活动在学生数学学习过程中的重要作用。因此，教师在设计数学活动时，应该包含明确的数学学习任务，过程的推进应围绕数学学习任务展开，并伴有学生数学知识技能的获取和数学素养的提升，体现数学味，突出数学学科的本质特点。

▶ 案例

活动内容：认识东南西北

活动1：故事引入

师：一天早晨，小白兔和它的小伙伴们上山玩耍。傍晚，太阳落山了，它们迷路了，有一只小兔说："早晨我们是朝着太阳出来的方向走的。"小朋友，你们能不能帮助小兔回家？

生：小兔现在应该朝着太阳落山的方向走，因为太阳是从东方升起，西方落下的。

师：小朋友，听了这个故事，你们明白了什么道理？对，在生活中我们应该学会分辨方向，今天我们就来学习"东南西北"。

说一说，你对方向有什么认识？

生：我还知道上北下南，左西右东。

生：我还知道指南针。

……

师：指南针是我们民族的一个骄傲，你们知道为什么吗？我国早在两千多年前就发明了指南针，所以我们要为我们的国家感到骄傲。在森林中或在航海时的很多情况下人们需要指南针，指南针能帮助我们明确方向。

我们可以用指南针确定教室的东南西北四个方向。

（设计说明：充分尊重学生已有的知识水平和生活经验，通过帮助小兔回家，引出课题，激发学生参与学习的积极性。）

活动 2：认识教室的东南西北

师：小朋友，刚才我们认识了指南针，那么我们教室里的东南西北呢，你们能找出来吗？教室的东南西北面分别有什么？下面我们全体起立，当你面向北面时，后面是_____，左面是_____，右面是_____。

黑板在教室的_____面，窗户在_____面，门在_____面。

下面我们来玩一个听口令游戏——"面向东面，全体起立"。

（设计说明：顺应学生的心理特点，充分提供让学生思考、活动、交流、发现的机会，营造互动的情境。）

活动 3：实践活动

师：小朋友，刚才我们认识了教室里的东南西北，还知道了方向是固定的而位置是相对的，下面有一个难度更高的问题等着我们解决，大家有信心吗？请大家到操场上实地考察一下，以我们的教学大楼为中心，看看教学大楼的东南西北面分别有什么，然后完成我们的校园平面图。

学生以小组为单位，到操场完成任务。

（设计说明：充分以学生为主体，以活动为主线，使学生经历解决问题的过程，发展空间观念。）

对于二年级学生来说，学习辨认方向是非常困难的一件事情，而这节课学生始终在轻松、愉悦的学习氛围中学习，学得兴趣盎然。一个重要原因是本节课设计教学时结合学生的生活情形，精心组织教学内容，将"东南西北"的教学内容，寓于"帮助小兔回家"、"明确教室方位"和"设计校园平面图"等活动中。教师把整个学习过程交给学生，无论是在室外还是室内，都把活动作为教学的基本组织形式，力争让学生在独立观察、认真思考、相互交流、小组讨论、全班交流等多种形式的活动中，真正成为学习的主人。这样的教学活动设计使教学内容变得非常现实、生活化、有意义并具有一定的挑战性，让学生在充分交流解决问题的过程与方法中，获得成功愉悦的情感体验，这样的知识来得丰富、深刻，让人难以忘怀。

【提炼问题】

小学数学教学中对数学概念、原理和规则的理解与应用，体现在通过数学思考，形成解决问题的方法、技能和策略，并获得情感体验。《课程标准》倡导：组织学生开展实验、操作和尝试等活动，并引导他们观察、分析、抽象和概括，从而运用知识进行判断，最终传授知识、培养技能，使他们具备数学思考的能力，这样，既能有效解决实际问题，又能从"情感、态度和价值观"的层面培养学生。即小学数学教学就是通过数学活动帮助学生积累数学经验。

当然，在设计数学活动时，我们也要三思：有利于调动学生的学习积极性吗？有利于培养学生的探究能力吗？有利于提高课堂效率吗？对可要可不要的数学活动，宁可不要！因此，数学活动的设计，应该注意以下几点：

1. 数学活动应设定具体要求。

在小学数学教学中，活动是使学生居于主体地位，主动参与学习的有效手段。教学中，要让学生在活动中发现知识与知识之间的关系，完成某一特定任务，或解决某一具体问题。但不能从一个极端走向另一个极端，如果让学生花费很长时间去游戏、去活动,变成"有活动"、"有趣味"而"无数学"的形式主义,那就不是数学课,而是"活动课"了。所以在设计数学活动时,应让学生以任务为驱动,对活动有十分明确的要求,设计一些探索性、开放性的问题,让学生在活动中学数学,而不是让学生盲目地乱"动"。

2. 数学活动应引导有效参与。

活动的开展要注重学习材料的差异性,为不同层次的学生提供参与和体验的平台。所以在教学中必须面向全体学生,使每个学生在原有基础上都得到最大可能的发展,从而实现全体学生素质的提高。同时又必须正视学生的个别差异,因材施教,使每个学生的才能都得到充分的发展。

例如,在教授长方形、正方形的周长时,先运用直观形象让学生认识三角形和任意四边形的周长含义,再给学生每人一个大小不同的长方形,要求他们想办法算出它的周长。这时可以发现学生先用直尺测量,有的学生测量四条边的长,有的学生测量长方形的长和宽,显然这两种测量方法,反映出智力水平的差异。在列式时,各个学生也不相同,最佳的方法是列出"长加宽的和再乘以 2",其次是"长×2＋宽×2",较多的是"将四条边长顺次相加"。然后由学生各自交流列式的思考过程,整个教学过程学生始终处于主动学习的地位。这样,不同层次的学生就都可以按照自己的经验水平和爱好选择材料,自主地参加数学活动,从而满足学生多样化的学习需求,实现生生互动。

总之,教师要根据教材和学生的年龄特点,精心设计活动方案,引导学生在自主参与、动手实践的过程中去发现,去探索!

【策略】

《数学课程标准》中指出,数学教学是数学活动的教学,学生的数学学习应当是一个生动活泼的、主动的、富有个性的过程,除接受学习外,学生应该有足够的时间和空间经历观察、实验、猜测、推理、计算、证明等活动过程。教师应该在教学过程中根据教学目标、教学内容、学生年龄特点等因素精心设计、有效实施学生喜闻乐见的数学活动,并提高活动的有效性,这样才能真正提高数学课堂教学效率。

1. 活动设计的内容要为教学目标服务。

任何数学活动都应是为学生获得数学知识和数学技能而设计的。例如，在教授"物体的形状"时，先让学生观察生活中一些物体的形状，并根据对物体形状的已有认识，通过小组合作进行分类，初步体验生活中的各种物体的形状和名称。接着，将若干物品放入布袋中，请学生上来摸，根据形状猜出物体的名称并说明理由。然后，通过多次操作、观察、实践，进一步感知四种几何体的特征：长方体、正方体的物体表面都是"稳定的平面"，可以滑动，但不能滚动；圆柱体只能在一个方向上滚动；球体可以沿任何方向滚动。这些数学现象都是学生在学具操作中观察到的，学生在操作活动中增强了自主意识，培养了观察能力以及探究新知的意识。

因此，无论教师采用何种教学形式，都要将教学内容融入到教学活动中，使每个活动能为实现教学目标服务，这样才能有助于数学知识及数学技能的掌握和运用能力的提高，才能使学习与活动实现有机结合，使教学任务在活动中完成。

2. 活动设计的形式要体现活而有序。

《数学课程标准》指出：有效的数学学习活动不能单纯地依赖模仿与记忆，动手实践、自主探索与合作交流是学习数学的重要方式。教师在课堂教学中，要让学生"动"起来，让学生在忘我地投入课堂活动时"动"起来，这样的课堂才能迸发出生命的活力。

如一年级教授"分类"时，课前布置学生去逛文具店或超市，要求学生留心观察商场里面的商品是怎样摆放的，为分类的认识奠定基础。由于学生在生活中已积累了按用途给物体分类的经验，所以上课时，让学生从许多玩具和书本中挑一件自己最喜欢的东西，再请他们观察一下，自己喜欢的物品和周围的哪些玩具和书本是好朋友，请他们把它放到它的好朋友旁边。这样用学生身边的现象呈现教学内容，增加了数学教学的现实性、趣味性，使学生认识到数学知识与日常生活的密切联系，在自然地引出课题的同时，也激发起学生的学习兴趣。紧接着，再一次从学生已有的经验入手，出示学习单——"能不能把你喜欢的玩具或书本再分类？你们是根据什么分类的？"学生在第二次分类时，有的将小动物按生活环境分为陆生的、水生的，还有的将玩具车分为机动车和非机动车等等。学生体会到分类是按一定的标准进行的。由于在活动设计时既考虑到活动的连贯紧凑和循序渐进，又考虑了有序性，整个学习过程一直处于轻松愉悦、兴致盎然的气氛中。

因此教师在设计活动时,活动顺序的安排要遵循由简单到复杂、由易到难、由理解到运用的原则,一要合理分配每个活动的时间,随机调控课堂节奏,二要考虑每个活动的注意事项,活动前要提出要求,三要发挥组织、引导和调控作用,使活动具有可操作性,这样才能保障学习过程顺利进行,使学生活动之后感觉到进步,获得成就感。

3. 活动设计的过程要注重经验积累。

《数学课程标准》将"积累基本数学活动经验"作为一项重要的隐性目标提出来,其重要性不言而喻。但在一些课堂上,教师设计的数学活动还远不能真正引领学生经历属于自我的数学活动,活动设计流于形式,适合学生开展深度体验的数学活动不多,严重影响了学生基本数学活动经验的积累。

数学活动经验是在活动中产生的,而对数学课堂教学来说,一个好的数学活动,应满足以下几个条件:该活动是每一个学生都能进行的,能为学生提供良好的学习环境和问题情境;该活动能为学生获得更多的活动经验提供广阔的探索空间;该活动能充分体现数学的本质;该活动能使学生积极参与,充分交流。

有时候,一个好的问题就是一个好的数学活动。例如"三角形的三边关系探索"一课,整节课就围绕着一个需要:怎样的三条边一定能组成一个三角形呢? 一节课中,每一个学生都被调动起来,通过一次次的实践,一次次的猜测,一次次的验证来发现问题、研究问题、解决问题。在这个活动过程中,学生获得的不仅仅是"三角形任意两条边的和大于第三边"的结论,更重要的是如何去发现,如何去研究,如何去完善的经验。

4. 活动设计的素材要促进有效拓展。

数学来源于生活,生活中处处有数学,处处有学生喜闻乐见的数学实践活动的素材,教师要用敏锐的触觉来开发、挖掘、重组、设计……将活动设计在课本和生活的结合点上,将活动设计在课内、课外多种学习途径的结合上,重视学校课程与更广泛的社会实践的结合,让学生在生活实践活动中促进有效拓展。

如三年级教授"千克、克、吨"时,教师可在课前布置一个准备活动:请学生走进超市观察各种产品包装上印刷的商品重量,并掂一掂各种商品有多重,以增加他们对物体质量的实际感受和体验。学生在饼干、糖果、冷饮等的小包装食品袋上找到了"克",

在面粉、大包装牛奶等商品的包装上找到了"千克",对它们进行了记录,在收集这些信息的基础上进行了记录和归类。学生在整理信息时就初步意识到了较轻的物品一般用"克"做单位,较重的物品一般用"千克"做单位,初步感知了质量单位,并真切体会到质量单位在生活中的广泛应用。

上课时,学生所学习的部分素材是由学生自己提供的,并对这些材料进行合理的解释。例如,学生对物品的净重做出如下解释:物品去掉外包装后的重量;又如,学生解释道:桥的承重量是一座桥能够承受的重量。有了课前实践活动中对质量单位的感知,学生对许多物品已经具备了质量意识,所以能够准确地选择合适的质量单位,并对物品做出合理的估测。

因此,在小学数学教学中,寓传统的"例题式"教学于充满童趣的"活动式"学习中,让学生在学习活动中,为完成一定任务而进行设想、预见、磋商、探究、讨论,经历知识的发现、问题的思考、规律的寻找等一系列过程,这本身就是充满活力、体现创新意识的过程。

【推荐阅读】

曾令格,禹明,陈清容. 小学数学教学活动设计. 北京:北京大学出版社,2005.

(本主题中"活动设计"撰写者:上海市第二师范学校附属小学 郑钟雯)

(二)练习设计

练习是课堂教学的重要环节,是学生掌握知识、巩固知识、形成技能、发展思维、提高解决问题能力的主要途径,也是小学数学教学中重要的组成部分。有效的小学数学练习设计,体现在在一定的教学思想和理论的指导下,从学生的发展出发,依据科学的教学策略,让学生在练习活动中都能充分展示自己的聪明才智。因此,练习设计必须紧扣教学内容和目标,必须根据学生知识水平的差异,在广泛占有资料的基础上精心挑选题目以适应不同程度学生的需要,努力体现练习设计的基础性、针对性、应用性、实践性、趣味性、层次性、开放性和综合性。

▶ **案例一 课内练习设计** （案例提供:上海市第二师范学校附属小学 郑钟雯）

教学内容: 复习课——周长和面积(上海市九年义务教育数学课本五年级第二学期)

教学目标:

1. 在主动回忆平面图形周长和面积的意义及公式的过程中,尝试构建知识框架。经历"理解——整理——归纳——应用"的过程,获得联系对比、归纳概括、灵活应用的复习方法。

2. 能综合应用多种分析方法求组合图形的面积,通过综合运用知识解决图形问题。

3. 渗透转化的数学思想,感受数学思考的乐趣。

教学重点:

自主整理完善知识结构,获得联系对比、归纳概括、灵活应用的学习方法。

教学难点:

理解平面图形周长、面积计算公式之间的内在联系。

课内练习设计:

一、选一选

(1) 要算出右面平行四边形的面积,正确的算式是( )。

A. 1.8×1.4

B. 1.8×3.5

C. 1.8×4.5

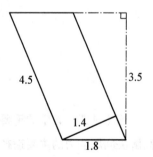

(2) 用长度为 4 米的铁丝围成一个长方形,这个长方形的宽是 0.8 米,那么这个长方形的面积是多少平方米?

正确的算式是：(　　　)。

A. $(4 \times 4 \div 2 - 0.8) \times 0.8$ B. $(4 - 0.8 \times 2) \times 0.8$

C. $(4 \div 2 - 0.8) \times 0.8$

二、画一画(怎样求出下面图形的面积呢？将你的思考方法在图上画一画)

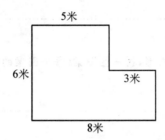

三、量一量、算一算(根据你的需要,度量相关的数据,并计算下面图形的面积)

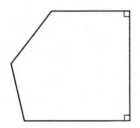

四、找一找

在图(2)—(5)中,哪个组合图形中的阴影部分面积与组合图形(1)中的阴影部分面积相同？

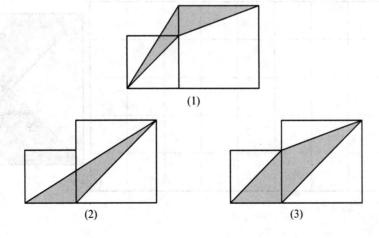

(1)

(2)　　　　　(3)

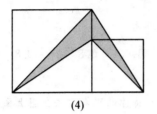
(4)

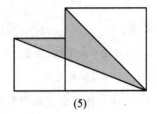
(5)

▶ **案例二　课外练习设计**

选择七巧板中的一些图形,拼一些图案(每个图案的面积正好占 12 个方格),粘在下面的方框内。

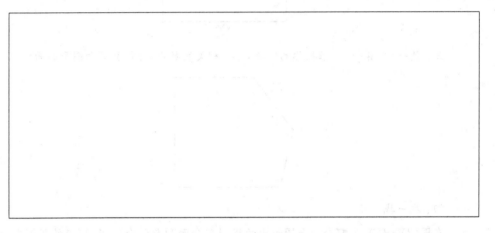

提供学具:透明方格纸(每格边长为 1 cm)、七巧板(每副边长为 4 cm)。

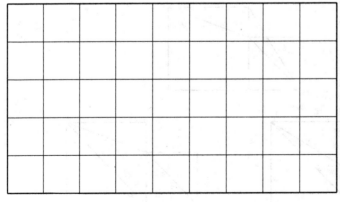

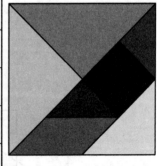

【案例分析】

一、对呈现案例的分析

（案例一）这是五年级阶段总复习课的练习设计案例。"平面图形的周长和面积"一课，旨在让学生通过复习明确平面图形周长和面积的意义，掌握长方形、正方形、三角形、梯形等基本平面图形的周长和面积计算方法之间的关系，构建知识网络。教师的练习设计，突出了对于解决问题的数学方法的梳理，以及对解决问题方法的合理性、多样性的思考。引导学生在解决问题的过程中，综合运用分割、增补、平移等方法求组合图形的面积或周长，并从中感悟等积变形、问题转化等数学思想。

（案例二）这是小学三年级关于"面积"概念的新授课的课外练习。学生通过观察、比较、操作等活动，初步建立了"面积"的概念，体会了图形的大小就是指它们的面积。在优化、比较面积计算方法的过程中，学会用方格的多少来表示面积。本案例的内容就是基于学生的这些认知设计的一个基于儿童操作经验运用与积累的课外实践活动。

二、案例给我们的问题思考——怎样设计有效的数学练习

1. 不同的课型，其练习设计有何不同的要求？

2. 练习设计如何有效提升不同学习层次的学生的学科能力？

【策略】

一、不同课型的课内练习设计

（一）新授课的练习设计

1. 针对性：指依据课时教学目标以及教学的重点、难点，设计相应练习，帮助学生及时巩固所学知识。

例如：把下列各题转化成除数是整数的除法

$0.78 \overline{) 5.07}$ ；$6.8 \overline{) 0.612}$ ；$0.7 \overline{) 490}$ ；$0.05 \overline{) 0.0013}$ 。

在学习计算除数是小数的小数除法中,关键是要利用"商不变性质",把除数是小数的除法转化为除数是整数的除法,再进行相应的计算。教师设计了有针对性的专项练习,让学生逐步熟悉和掌握被除数与除数数位相同或数位不同时的转化方法——根据除数来转化。

2. 层次性:指练习遵循由简到繁、由易到难的规律,设计的练习难度逐步加深,便于学生拾级而上。着眼"双基"达成,防止思维定势,关注实践运用。层次性有两层含义:一是指前后练习的设计安排适当(循序渐进);二是指一组练习题之间的坡度适当(由易到难)。

例如关于"面积"的概念,教师设计了不同层次的新授课练习。

(1)用所占方格数表示下面各图形有多大。——学习方法,初步感悟。

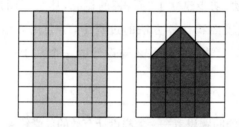

以简单的、近似于规则图形的图形的引入,抓住图形的特征,帮助学生在探究中发现多种数方格的方法。

(2)下面各图形有多大? ——运用方法,正确计数。

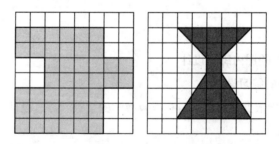

在正确数方格的基础上,重点指导学生如何将自己的思维过程用别人能看懂的图示表示出来,再用算式表示自己的思考结果。通过比较,使学生体会不规则图形转化

成规则图形时计算面积较容易。

（3）比较 A、B 两个图形的面积——方法多样，深化概念。

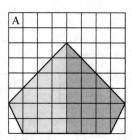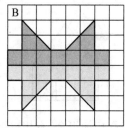

引导学生思考能否用多种方法数出它们各有几格，再比一比它们的面积谁大。学生的方法有根据轴对称图形的特点，先数出一半图形的方格数，然后再将方格数加倍等，将移动、分割、增补等方法综合运用。

例如，在探究周长与面积的关系后，设计了以下三个层次的练习：

用 12 个边长为 1 厘米的正方形拼成一个长方形，拼成的长方形的周长是多少厘米？

第一层次：找到一种答案即可；

第二层次：找出所有答案，能画出草图；

第三层次：找出所有答案，从中发现规律。

一组练习题，有三个层次的练习，要求不断提高，允许学生选择完成，也可以依次完成。

3. 综合性：指练习的设计有助于学生认知的"融会贯通"。把所学的新知纳入儿童原有的"认知"中，理解新旧知识的联系与区别，逐步形成相关的学科知识系统。

例如：在学习组合图形面积后，可以设计以下练习。

（1）求下面组合图形的面积。

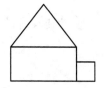

（2）改变练习的方式：

分别将三个图形的一面涂色，用这三个图形拼成一个图案，求涂色部分的面积。

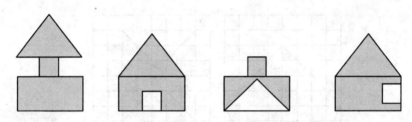

拼出的这些图案，有相加组合，有相减组合，调动了学生的思维技能与想象技能，使操作技能和特殊的智力技能和谐发展。

（二）练习课的练习设计

1. 单项练习课——注重基础练习和专项练习。

设计单项练习：可以在新授课之后，针对教材的某一个重点或难点安排练习；也可以针对某一个容易混淆的概念安排练习，以提高学生辨别的能力；还可以在平时的作业或试卷解答中，为了在发现问题和错误后及时纠正和补漏而设计针对性练习。

例如：针对立体图形的展开图这一学习难点，教师设计了如下练习。

（1）请你在下面的图形中选择合适的图形，拼成一个长方体的展开图。

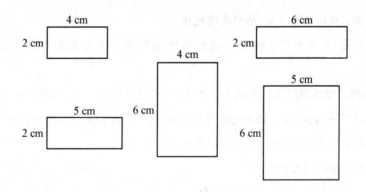

（2）下面是正方体的展开图，想一想，你能找到正方体的"后面"、"上面"、"下面"、"左面"与"右面"吗？（不转动物体）

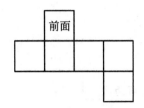

（3）如图，每个小方格的边长为 1 cm，粗线标出的图形是一个长方体的展开图。

① 求图中阴影部分长方形的周长。

② 求这个长方体的体积。

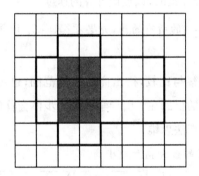

上面的练习设计，引导学生从动手操作入手，将立体图形的实物模型与平面展开图相联系，让学生通过观察、空间想象等，找到解决实际问题的策略。

2. 综合练习课——关注知识本质和学科素养提升。

综合练习课的目的是使学生更深刻地理解和掌握知识间的内在联系和本质规律，相关的练习设计就要突出拓展学生的解题思路，提高学生分析问题和解决问题能力的学习目标。

例如：在学生能用首位试商和进一法试商来计算除数是两位数的除法后，教师设计了以下综合练习，以提高学生准确试商的能力。

练习一：填一填，算一算，并用"√"记录下试商方法和改商情况。

$$3\ \boxed{}\ )\overline{2\ 6\ 5}$$

试商方法：

首位试商 ☐；进一法试商 ☐。

改商情况：

不改商 ☐；改商一次 ☐；改商两次 ☐。

在"☐"内填上 0—9 中的数，组成除数是两位数的除法，并将运用的两种试商法以及改商情况全部呈现出来。学生通过观察比较，感悟到：当除数的个位数字比较小时用首位试商法比较方便，当除数的个位数字是 8 或 9 时用进一法比较方便，从而引导学生感悟一些有价值的计算策略，以加快计算的速度。

练习二：找出 265÷3☐ 的所有的商，并思考：如果不计算，有什么办法很快知道商的范围。

学生可以通过计算、观察与比较，得出商的取值范围；也可以通过较为理性的分析，获得相应的结论。练习的目的在于引导学生进一步体会首位试商和进一法试商的实际应用价值，渗透初步的算法思维。

练习三：找出下列算式的最大商和最小商。

2☐)169；3☐)288；4☐)332；7☐)527；9☐)413；8☐)284。

这既体现了两种试商法对取值范围的应用，也是对学生能否灵活运用两种试商法熟练计算的检验，是对试商方法的拓展运用，可丰富学生的解题策略与经验。

(三) 复习课的练习设计

1. 分类梳理型的复习练习。

如，在用"应用题"复习"运算定律与简便运算"时，教师们经常使用这一复习练习设计，目的在于能突出复习的重点、条理和针对性，使学生充分体验到知识之间的联系与区别。

2. 辨析比较型的复习练习。

例如：在下面方框里填运算符号，横线上填数。

(1) 984－332－168＝984－(____☐____)；

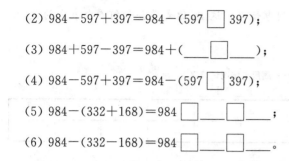

(2) $984-597+397=984-(597\ \boxed{}\ 397)$；

(3) $984+597-397=984+(\underline{}\ \boxed{}\ \underline{})$；

(4) $984-597+397=984-(597\ \boxed{}\ 397)$；

(5) $984-(332+168)=984\ \boxed{}\ \boxed{}$；

(6) $984-(332-168)=984\ \boxed{}\ \boxed{}$。

学生通过辨析、比较，梳理出加减法简便运算中"添、去括号"的变化规律。既掌握一般方法，又灵活运用算法，使计算合理简便，培养思维的灵活性与创造性。

又如：王师傅原计划 15 天生产零件 900 个，结果 4 天就生产了 360 个，照这样计算，可以比原计划提前几天完成？

学生通过讨论探究，得出①归一法解：$15-900\div(360\div4)$；②比例法解：设实际 X 天完成，$\dfrac{900}{X}=\dfrac{360}{4}$；设提前 X 天完成，$\dfrac{900}{15-X}=\dfrac{360}{4}$；③分数法解：$15-4\div\dfrac{360}{900}$；④倍比法解：$15-4\times(900\div360)$；⑤方程法解：设可提前 X 天完成，$900\div(360\div4)+X=15$。

学生从多角度思考，全方位审查结果，一题多解。这些解法，加强了归一、倍比、方程等知识间的联系，列式不同，但殊途同归，充分调动了学生思维的积极性，提高了他们综合运用已学知识解答数学问题的技能技巧，给学生以启迪，开阔了解题思路。

二、课外练习设计探索

课外练习是课堂教学的延续，要根据学生的实情、学情，以及课堂学习的内容特点，有针对性地设计。针对学生不同层次的学科能力，设计的课外练习应该让所有学生都认为"自己能行"。精心设计与安排的课外练习，使学生不仅能够积极地掌握数学知识，而且能主动运用所学知识解决实际问题，从而培养和发展创造性思维。

(一)实践类课外练习

例如：在家里，所有家庭开支都是由爸爸妈妈负责的。你能不能也做一回"小管家",帮爸爸妈妈算算家里一个月的用电情况。这里,你要学会如何看电表上的数,要了解1度电的电费是多少。

家庭一周用电情况记录表

___月___日至___月_____日

日期							
电表上的读数							

(1) 你们家一周用电(　　　)度,一个月用电大约(　　　)度;

(2) 平均每度电(　　　)元,一个月的电费大约是(　　　)元;

(3) 你们家一年在电费上的开支大约是(　　　)元。

在学生学习了相关的统计知识后,上面的课外练习设计,旨在引导学生进行有效的数据记录,从数据中感悟生活的意义。

(二) 创作类课外练习

数学创作可以拓展学生想象的空间,增强和丰富他们的想象力,可以是数学设计、数学小论文、数学故事等不同形式。

例如:数学日记《神奇的测量工具》(作者:北京市东城区史家胡同小学　二年级学生)。

最近我们刚刚学会长度单位米和厘米,我知道了我食指的宽度大约是1厘米,我伸开的双臂长度大约是1米。原来在我的身上就可以找到长度单位,我觉得很神奇。

这几天我的手指和手臂发挥了大作用,我走到哪里就用它们量到哪里。课本的宽度大约是14厘米;铅笔长大约是15厘米;书包的宽大约是30厘米……妈妈给我提出一个问题:"你能量量书桌的长度吗?"我不假思索地回答:"没问题!"说着我就用食指测量了起来。妈妈在一边忍不住笑了起来。我被妈妈笑"醒"了,书桌这么长,用手指量到啥时候呀!我赶忙伸出手臂去测量,量出了书桌的长度大约是1米。

我明白了,要根据需要测量的物体的具体情况,选择合适的测量工具和单位。

学生运用数学知识解决生活实际问题的热情需要教师呵护,让学生把平时观察到的身边的数学知识、学习中发现的数学规律、解题中的新方法运用于生活,这样的过程,是培养儿童善于观察、善于思考、善于总结的学习意识的有效途径。

（三）探究类课外练习

探究性的课外练习,围绕学习中心,从内容、认知、技能、数学思想、思考方法等方面引导学生整理"探究课题"。

例如:七巧板的制作。

1. 找一副完整的七巧板,你能找到这七块板里的秘密吗?

2. 自己试着做一副七巧板。

3. 用自己制作的七巧板,拼一拼。

数学作业的设计,是一件具有创造性的工作。苏霍姆林斯基说:"确定以理解和思考教材为目的的那种作业的性质,提出为此目的服务的独立作业的课题,是具有高度教学艺术的事情。"

【有效练习设计的一些特点】

一、趣——有效练习设计的基础

《数学课程标准》指出:"从学生熟悉的生活情境与童话世界出发,选择学生身边感兴趣的事物,以激发学生学习的兴趣与动机……"小学生天性好玩好动,喜欢新奇有趣的东西。因此我们的练习无论从内容、形式和结论表述上都应体现一个"趣"字,制造教学内容和学生内在需求的不平衡,诱发学生主动探究的兴趣。

二、精——有效练习设计的根本

数学教育家波利亚认为:一个有责任心的教师与其穷于应付繁琐的数学内容和过量题目,还不如适当选择某些有意义但又不太复杂的题目去帮助学生发掘题目的各个方面,在指导学生解题的过程中,提高他们的才智与推理能力。通过一题多解、一题多变、一题多用等促使学生多层次、广视角、全方位地认识、研究问题,培养学生的创新意识和创新能力。

三、活——有效练习设计的原则

《数学课程标准》指出：数学教学活动必须建立在学生的认知发展水平和已有的知识经验的基础之上。它着眼于学生终身学习的愿望和能力，要求数学课程从学生的生活经验和知识经验出发，根据学生的年龄特点和心理发展规律选材。小学生反感机械单一的作业，这就要求练习的形式要丰富多彩，题型要灵活多样，答案也要多元开放。要变重复练习为多样活动，变静态练习为动态活动，变封闭练习为开放活动，以解放学生的双手和大脑，激发学习热情，促进思维发展。

四、创——有效练习设计的追求

俄国著名教育家乌申斯基说过，"没有任何兴趣、依靠强迫维持的学习会扼杀学生的学习精神，这种学习是不会长久的"。要培养学生的创造能力，教师在练习的设计中要渗透创新的理念，让数学练习的表达富有创意，让学生的练习解答方法富有创意。要让创造的火花迸发在课堂的每一个角落，使教师与学生共同沉浸在解决问题、不断探索的愉悦中。

【策略】

开放性练习设计的研究

开放性练习是相对封闭性练习来讲的，开放性练习不仅能使学生获得数学知识和方法，更能通过数学材料使学生的数学应用意识、解决问题的策略性和创造性都有所发展。开放性练习一般是指条件不完备、问题不完备、答案不唯一、解题方法多样的练习，它具有发散性、探究性、发展性和创新性。

1. 条件的开放。这类开放题往往给出了结论，要求从不同角度寻找这个结论。

例如：下图是由 3 个正方形组成的图形。请把它分成大小相等、形状相同的 4 个图形。

2. 策略的开放。这类开放题一般都给出了条件和结论,而由条件去推断结论,或根据条件去判断结论是否成立的策略却是未知的。

例如:送水师傅给齐齐家送来了一桶娃哈哈纯净水,要 8 元钱。现在齐齐手中有 1 张五元、4 张两元、8 张一元。请你想一想共有多少种付钱的方法。

3. 结论的开放。有的问题的答案是不唯一的,学生在解答过程中必须将认知结构进行组合、重建。

例如:用三根小棒,你能摆出哪些图形,数一数,有几个角?

4. 综合性开放。如果一个数学开放题,只给出一定的情境,其条件、解题策略和结论都需要解题者自行设定和寻找,这类问题称为综合性开放题。

例如:小胖过生日,他想请小丁丁、小亚和小巧一起到餐厅去庆祝一下。看,他们来到了快乐餐厅,里面的餐桌都是正方形的(出示图1),他们每人坐一边,正好坐满一张餐桌(出示图2)。

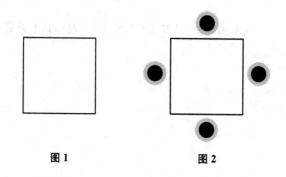

图1　　　图2

小胖如果请15位小朋友,这样就一共有16位小朋友在餐厅聚会。如果你是小胖,你会怎么安排这16个小朋友的座位呢?

当然在设计开放性练习的同时,教师要加强开放性练习解答的指导,引导学生有意识地从各个角度去思考,去解决问题,从而激发学生的学习兴趣,启迪学生的思维,真正使学生的数学练习从淡出机械模仿到走向运用,走向创新。

练习是一种有目的、有计划、有步骤、有指导的教学训练活动,是学生掌握知识、形成技能、发展智力、培养能力、养成良好学习习惯的重要手段,也是教师掌握教学情况,进行反馈调节的重要措施。在练习设计与实施过程中,务求努力体现针对性,体现实效性,切实减轻学生过重的学习负担,为学生可持续发展能力的培养奠定良好的基础。

【推荐阅读】

1. 刘显国. 小学数学练习设计艺术. 北京：中国林业出版社,2003.
2. 姚星. 小学数学练习设计初探. 新课程(小学),2014(7).

【问题思考】

1. 选择一个教学内容,设计一节新授课的练习。
2. 根据自己所教年段的一个学习内容,设计一个学生课外实践性练习。

(本主题中"练习设计"撰写者：杨浦区教师进修学院　陈　谨)

主题六

集体备课

　　集体备课最大的效果是教师能进行智慧碰撞、思想交流。集体备课是集中大家的智慧,引导教师加深对教材的理解、优化教学设计、提高课堂教学效益的一条重要途径,有利于充分发挥骨干教师的作用,带动和提高青年教师的教学设计水平。集体备课的本质是"研究",核心环节是集体研讨,可以作为教师相互交流切磋、合作互助、共同探究的一个平台,有利于发挥教师集体的智慧、团队的力量,可以有效培养教师的协作精神,有效弥补教师个体备课过程的不足,更能使教师在思想认识上相互交流观点,在碰撞中不断调整自己的教学行为,在实践中提升自己的教学理论,促进教师个体教学水平的迅速提高。

【案例】

　　打虎山路第一小学"基准教学:有效教学实践模式研究"之集体备课案例

▶ **案例一**   基准教案的页眉

四年级(上)数学基准教案
2009 年下半年(小高　备课组长　徐洁群　中高　戴　蒙) 2010 年下半年适调(中高　数学教导　张　丽　中高　丁奕文) 2011 年下半年再适调(小高　学科组长　王婷婷　小高　郭　征) 2012 年下半年再适调(小高　备课组长　徐洁群　小高　张碧晨) 2013 年下半年再适调(小高　备课组长　蒋　华　小高　浦雅琴) 2014 年下半年再适调(中高　教导主任　张　丽　中高　张慧琼)

▶ **案例二**   基准教案的设计片段

片段一:骨干教师的批注(教学内容:年月日(一))
6. 收获园:
(1) 选一选:下面(　　)组的节日都发生在大月。
A. 教师节和国庆节　　　B. 圣诞节和元旦　　　C. 劳动节和儿童节
(2) 想一想:小丽在奶奶家连续住了两个月,她在奶奶家住了(　　)天。(你一共有几种答案?)
(3) 查一查,算一算:小丁丁是 2001 年 11 月 8 日出生的,今天是 9 月 29 日,再过(　　)天就是他的生日。(提示:9 月 1 天,10 月 31 天,11 月 8 天)
【策略说明:由于学生的能力不同,完成的方法可能也不一样:有的是通过查年历后一天一天地数,有的可能凭借数拳头或者熟记儿歌的方法来进行推算,不管是什么方法都要加以肯定,要充分体现解决问题的多样化策略。】

片段二:备课教师对教案的补充(教学内容:年月日(二))
三年级上数学教学基准(教材经过较大变动)
2010 年下半年适调(小高　学科组长　王婷婷　小一　董丽娜)
2011 年下半年再适调(小高　备课组长　徐洁群　小高　陈新颜)
2012 年下半年再适调(小高　备课组长　蒋　华　小高　浦雅琴)
2013 年下半年再适调(中高　教导主任　张　丽　小一　丁奕文)
一、补充:扑克牌与年月日之间的关系
1. 扑克牌的组成:
54 张牌(其中包括大王、小王各一张);四种花色;每种花色 13 张。
2. 猜想扑克牌与年月日之间的关系
① 四种花色可以代表四个季节
② 每种花色 13 张牌表示一个季节有 13 个星期
③ 52 张牌表示一年有 52 个星期
3. 验证
看看 52 个星期是不是正好是一年的天数
计算
$52 \times 7 = 364$(天)
如果这一年的 2 月有 28 天,加上小王:$364 + 1 = 365$(天)
如果 2 月有 29 天,加上大王小王:$364 + 2 = 366$(天)
【策略说明:通过猜想、验证扑克牌与年月日之间的联系,学生在轻松有趣的情境中,既复习了年月日的相关知识点,又复习了两位数与一位数相乘的乘法。】

▶ 案例三 基准教案的使用体会

【案例分析】

　　截至 2014 年底,打虎山路第一小学数学教研组拥有 3 名中学数学高级教师(占全区 33.3％),多名教师被评为市名师培养对象、区学科带头人、拔尖人才、骨干教师、教学能手等。为总结、提高、推广骨干教师的教学经验,让更多教师得到借鉴,把有效教学真正落到实处,进行了"基准教学:有效教学实践模式研究"的课题研究,其中基准集体备课占了很大的比重。本研究从研究范式上来说属于行动研究,研究过程与实践过程融为一体,边研究边实践,边实践边研究。整个研究实践经历了这样的过程:

　　1. 解读课程标准,形成"学科教学要求(学习目标)"。

　　课程标准是课程编写的标准,也是课堂教学的标准。对课程标准的解读不能完全依赖教师个体的努力,而是需要骨干教师引领老师们一起研读,将集体的智慧凝聚在一起,形成"学科教学要求",即各个年级每个学期的"学习目标"。

开展"学科教学要求"的制定工作,经历了四个关键步骤,即:研读课标、建立范本;细读课标、分工落实;课题组研讨,修订要求;学科组交流,完善表述。在后续研究与实践中,根据师生教学的实际效果,定期修正"学科教学要求"。

"学科教学要求"一方面来源于课程标准,另一方面来自骨干教师的教学经验。就教师的教学经验而言,其实质是教师对学生学习过程、学习能力与学习经验的认识。"学科教学要求"是课程标准在学校层面的细化,对教师而言更容易理解,也更容易细化到自己的教学设计之中。

2. 细化"学科教学要求(学习目标)",研制"基准教案"。

"学科教学要求"是集体智慧的结晶,如何依据"学科教学要求"进行教学设计,形成"基准教案",是接下来的重点研究工作。

首先根据基准课题组的要求成立"基准备课组",每个基准备课组由一位骨干教师领衔,备课组的教师分别备课,然后骨干教师根据自己的教学经验与方法,依据"课程标准"和"学科教学要求"对各自分别备课形成的教案进行修正,基准负责老师与备课组成员形成"一对一"双向互研方式,负责教案质量把关,再经过备课组集体说课研讨,最终确定教案。

负责基准教案质量把关的骨干教师,要对教案质量承担全部责任。为了体现骨干教师的作用、地位及责任,要求在教案的页眉上,明确注明负责把关的骨干教师的职称、专业职务和姓名,如"中高 学科教导 某某",其后面是负责具体备课的教师的职称与姓名,比如"小高 某某"。每位教师都要承担自己的责任。(见案例一)

四年级(上)数学基准教案
2009 年下半年(小高 备课组长 徐洁群 中高 戴 蒙)
2010 年下半年适调(中高 数学教导 张 丽 中高 丁奕文)
2011 年下半年再适调(小高 学科组长 王婷婷 小高 郭 征)
2012 年下半年再适调(小高 备课组长 徐洁群 小高 张碧晨)
2013 年下半年再适调(小高 备课组长 蒋 华 小高 浦雅琴)
2014 年下半年再适调(中高 教导主任 张 丽 中高 张慧琼)

这个研究实践过程充分体现了"变个体为团队,变单干为合作,变个人智慧为集体智慧"的研究目的。

3. 强化课堂教学实践,适调与再适调"基准教案"。

基准教案作为课前的教学设计,必须经得起课堂教学实践的检验。因此,教师按照教案设计开展课堂教学后,将在后续的备课组研讨活动中,把在教学实践中遇到的问题和对教案的使用体会进行交流反馈,骨干教师汇总后再进一步修正基准教案,给下一届执教教师留下宝贵的实践与研究的第一手资料。到后一轮实践时,备课组教师再对上一轮基准教案进行"适调"与"再适调",以深化基准教案的研究,使之加强针对性、提高实效性、减少重复性、深化研究性。

具体过程是:用批注的形式对原有教学内容进行点评,表明自己的想法;需要修改的内容,在保持原有内容不变的条件下,将修改后的内容写在文本框内,置于原有教学内容后。经负责质量把关的骨干教师审核,认可教案内容的修改,则用文本框的内容替换原有教案内容,若骨干教师对修改内容有质疑,则与备课教师再进行指导与交流。这个过程增进了骨干教师与备课教师的互动交流,加深了对教学设计的思考与研究。(见案例二)

片段一:骨干教师的批注(教学内容:年月日(一))
6. 收获园:
(1) 选一选:下面( )组的节日都发生在大月。
A. 教师节和国庆节 B. 圣诞节和元旦 C. 劳动节和儿童节
(2) 想一想:小丽在奶奶家连续住了两个月,她在奶奶家住了( )天。(你一共有几种答案?)
(3) 查一查,算一算:小丁丁是2001年11月8日出生的,今天是9月29日,再过( )天就是他的生日。(提示:9月1天,10月31天,11月8天)
【策略说明:由于学生的能力不同,完成的方法可能也不一样:有的是通过查年历后一天一天地数,有的可能凭借握拳头或者熟记儿歌的方法来进行推算,不管是什么方法都要加以肯定,要充分体现解决问题的多样化策略。】

片段二:备课教师对教案的补充(教学内容:年月日(二))
三年级上数学教学基准(教材经过较大变动)
2010年下半年适调(小高 学科组长 王婷婷 小一 董丽娜)
2011年下半年再适调(小高 备课组长 徐洁群 小高 陈新颜)
2012年下半年再适调(小高 备课组长 蒋华 小高 浦雅琴)
2013年下半年再适调(中高 教导主任 张丽 小一 丁奕文)
一、补充:扑克牌与年月日之间的关系

1. 扑克牌的组成：
54 张牌(其中包括大王、小王各一张)；四种花色；每种花色 13 张。
2. 猜想扑克牌与年月日之间的关系
① 四种花色可以代表四个季节
② 每种花色 13 张牌表示一个季节有 13 个星期
③ 52 张牌表示一年有 52 个星期
3. 验证
看看 52 个星期是不是正好是一年的天数
计算
52×7＝364(天)
如果这一年的 2 月有 28 天，加上小王：364＋1＝365(天)
如果 2 月有 29 天，加上大王小王：364＋2＝366(天)
【策略说明：通过猜想、验证扑克牌与年月日之间的联系，学生在轻松有趣的情境中，既复习了年月日的相关知识点，又复习了两位数与一位数相乘的乘法。】

4. 撰写"基准教案使用体会"，反思教学效果。

在课堂教学实践以后，鼓励教师撰写"基准教案使用体会"，以此进行教学反思，可以是结合教学实践的体会、学生课堂表现的亮点、对教学环节或策略的调整等。教师对这些记录或资料进行反思与梳理后，随时可以把实践中的有效活动撰写成教学随笔、案例、论文、经验总结等。这对提高教师的反思能力以及教学设计能力乃至更为宏观的课程意识、对有效教学的理解等都具有重要的意义。(见案例三)

经过六年的不断研究,打一小学基准集体备课的教案在不断成熟,适合不同经验的教师和不同学习能力的学生的教案版本也得到不断的充实。老师们达成共识,力求达到这样的目标:规范教学,减负增效;团队合作,骨干领衔;上求发展,下保底线;辐射经验,共享智慧。

【集体备课的问题与困惑】

虽然有骨干教师把关,备课组集体说课研讨,但是不同教学经验、不同教学能力的教师对基准教案课堂调控能力还是有差异的,如何对教师在课堂实践中进行指导、如何监控教师对基准教案的实践落实,需要有一定的机制相匹配,更需要教师的自律。

【策略】

为使每次集体备课都有目的性、针对性和实效性,可以依循以下策略。

1. 个人自备——形成初案。在组织集体备课前,教师个人首先按照备课内容和要求,思考并形成较高质量的初案,这样才能保证交流的针对性和实效性,提高集体备课的效果。

2. 集体交流——形成共案。在基于一定思考的初案的保障下,集体备课有了“生命”的根基。在集体交流时,先由主讲教师说课,即说一说学情分析、教学目标、重难点突破、深广度处理、情境创设、习题选择、困惑、反思等,然后组员根据自己的初案发表不同的意见。通过说课,组员相互比较,在组内开展有针对性的讨论。集体交流后,主讲人综合集体的意见,定每个环节的最佳教学方案,对初案进行修订,形成具有群体智慧的共案。

3. 个人修改——形成个案。集体共案形成后,教师要根据自己班级学生的实际,对已研究好的教学思路加以反思修改,把握精髓,灵活应用,形成集众家之长,又兼有自己个性的个案,并将其应用于教学实践中,以便更好地促进教学。

4. 教后反思——形成精案。教学需要反思。在个案的课堂实践中,教师根据课堂的实际情况,对各环节的操作性进行验证,对其成败加以总结,做到每课必反思,记录成教学后记。同组交流、归纳、订正,由主讲教师将共案进一步整理成精案,为提高下一轮集体备课质量打下基础。

总之,集体备课永远是一个动态发展的提高过程,尚需广大教师去积极探讨、实践与反思,笔者希望有更多热心于教法研究的教师,能不断地实践与思考,从根本上更新观念、改变方法。

【推荐阅读】

1. 如何发挥集体备课的作用,全面提高课堂教学的有效性 http://www.360doc.com/content/10/1122/19/4741179_71509339.shtml

2. 《集体备课的有效性策略研究》研究方案 http://www.docin.com/p-388236616.html

【问题思考】

请与你所在的备课组合作,根据本文介绍的方法选择一课时教学内容进行集体备课与实践。

（本主题撰写者：打虎山路第一小学　张　丽）

第二篇

教学实施

第二辑

知识讲授

讲授法伴随着教育的产生而产生,从原始社会的口耳相传,到教学改革后的教学媒体运用,讲授法始终是教学中应用最普遍的方法。讲授是课堂教学最主要的教学方式,也是教师最基本的教学技能之一。知识的讲授,主要通过教师的叙述、描绘、解释、推论等来进行,教师引导学生了解现象,感知事实,理解概念、定律和公式,从而使学生认识问题、分析问题、解决问题,并促进学生智力与人格的全面发展。

"准确精炼、形象生动、激活思维、风趣幽默、通俗易懂",小学数学教师,要尽可能地通过自己的讲授,把深奥的数学知识形象化,把枯燥的书面语言趣味化,把乏味的习题活动化。在知识讲授过程中,如何科学运用数学语言是影响小学数学教学效果的直接因素。正确地运用小学数学语言,可以使学生提高对数学学习的认识,增强对数学学习的兴趣,使学生能在有限的时间里产生极高的数学学习效率。

▶ 案例一 商不变性质的导入教学

特级教师吴正宪老师在教授"分数的基本性质"时,曾举过这样一个例子:猴王分西瓜,它问一个小猴子:"把西瓜平均分成 4 份,给你 2 份行吗?"小猴子嫌少,猴王想了想又说:"把西瓜平均分成 8 份,给你 4 份行吗?"小猴子高兴地笑了;猴王也笑了;小朋友们也笑了。吴老师这时候问:"那谁是聪明的一休呢?"从而引发学生积极的思考。

▶ **案例二　除数是小数的除法片段——比较辨析,优化算法**

鉴于学生已经会计算除数是整数的小数除法,在教学过程中,请学生尝试用竖式计算"2.1÷0.015 和 0.012÷0.8",在计算 2.1÷0.015 时,认识到要将除数转化成整数;计算 0.012÷0.8 时,发现用商不变性质进行不同转化的方法。教师多次引导学生比较、体验不同转化方法对计算过程的影响。通过比较让学生认识到计算除数是小数的除法,运用"商不变性质"将除数转化成整数,再把被除数扩大相同倍数进行计算,相对比较合理、简便。

【案例分析】

一、对所呈现案例的分析

(案例一)吴老师用生动形象的语言把数学知识巧妙地融入到了故事中,使学生能够较好地理解分数的基本性质。所以,教师要想使这些学生喜欢数学、理解数学,教师的教学语言首先就要形象生动,使抽象的概念具体化,深奥的知识明朗化,复杂的问题简洁化。

(案例二)"除数是小数的除法"则力求鼓励学生运用已有的一些小数除法的经验,通过知识的迁移、自主探索、比较辨析等学习活动,理解除数是小数的除法的算法。把知识讲授的重点放在让学生理解为什么要"转化"和怎样"转化"上。

二、案例给我们的问题思考

怎样让自己的知识讲授能真正吸引学生? 要进行精准的学科知识讲授,教师需要具备哪些技能?

【知识讲授的基本特点】

一、以开发学生的智力为出发点,做到传授知识与培养能力相结合

思维能力是智力的核心,小学数学是发展学生思维能力的最基础学科。作为一名

小学数学教师,应该有意识地关注并挖掘教材内在的智力因素,并在课堂教学中有机地结合数学基础知识的教学进行系统的思维训练。

二、强调学生是学习的主体,发挥教师的主导作用,力求教与学相结合

在小学数学课堂教学过程中,要经常使用具体、半具体的教学材料来研究数学概念和原理,使儿童能想象所学的数学知识的真实情境,获得探究概念和寻求问题解决的途径和机会。要启发学生主动地投入到探索数学知识、建立计算方法的过程中,在各种活动中学习数学,在问题解决的探索过程中获得独立思考的机会。

三、重视非智力因素参与学习过程,力求智力因素与非智力因素的协同发展

让学生自己去探索、发现教学的结果,体验到成功的欢乐,产生积极的情绪体验,由此产生使他们努力学习的动力。小学数学教师要引领小学生在学习中经历“学会——会学——乐学”的过程,在教学过程中,为了开发学生的智力(包括观察力、记忆力、想象力、思维力、注意力),必须对非智力因素(情感、意志、习惯等)实行全方位的总动员和全面开发。

四、强调多种方法的交叉和互相配合,力求教学高效率

实践证明,要提高小学数学教学质量,改革教学方法是一项重要内容。“教学有法,但无定法”,提高教学效果应当从改进每一节课的质量做起。开展同一课题多种方法的比较研究,是目前不少学校学科教师经常开展的学科教学研究活动。它可以帮助学科教师充分认识教学方法的多样性和灵活性,不断积累有价值的教学经验。

【知识讲授的语言特点】

《数学课程标准》指出:“数学为其他学科提供了语言、思想和方法,是一切重大技术发展的基础。数学是一种文化,它的内容、思想、方法和语言是现代文明的重要组成部分。”数学语言比日常生活用语更准确,更简单,也更抽象。它是通过慎重、有意

识地精心设计的产物，是一种高度抽象的专业语言，是一种以符号表达为主的特殊语言。

1. 注重准确精炼，具有科学性。

数学语言是一种特殊的语言，要求用词精确、简练，逻辑性强。向学生讲授数学语言的过程，是对学生进行语言规范化训练的过程，也是对学生进行思维训练的过程。同时，数学是一门非常严密的学科，应将科学性放在首位。如"数"与"数字"，"增加"与"增加到"，"数位"与"位数"等，一字之差，会有不同的含义。可见，数学教师的教学语言错误，会导致教学的失败。因此，在教学过程中，对教材的研读、教学重点的把握、教学环节的安排、教学提问的设置等，都应措词精当、不生歧义。优秀的数学教师课堂教学过程中科学精练的语言，能帮助学生逐渐规范地运用数学语言。

2. 注重通俗易懂，具有启发性。

小学数学教学的对象是小学生，教学过程中，使用贴近小学生的儿童化语言，讲得通俗易懂，深入浅出，是小学数学教学讲授的基本要求。如在一节数学应用题教学课上，有一道题，最后问"从甲地走到乙地要用多少时间？"一位学生误把"5 小时"答成"5 时间"。这位教师没有进行絮絮叨叨的说教，也没有板起脸孔指责批评学生，而是进行了如下诙谐、有趣的调节。教师说："好，问题中如果问用多少时间，答用 5 时间；如果问教室有多大，那么答 48 大；问小芳有多重，答 42 重。"学生听着听着，不禁笑了起来。此时教师再作讲解和订正。这样的教学，不但调节出情趣与气氛，而且产生了事半功倍的教学效果。一般来说，对人的感官富有刺激性的语言，最能引起学生的兴趣，把学生带入数学的意境。因此，形象生动、带有启发性的教师语言，能激发学生的学习兴趣。

3. 注重激活思维，具有思考性。

教师的语言如果都是直通通、一听见底，或者平淡得像一杯白开水，对学生的思维就很难产生撞击作用，也就难以使学生爆发出智慧的火花。课堂教学中，教师要启发学生通过看、想、做等认识活动来掌握知识；要在知识的关键处、理解的疑难处、思维的转折处和规律的探求处提出问题让学生的思考与认识逐步深化。如教授"圆的周长"时，教师拿出一个呼啦圈，问学生：你能计算出它的周长吗？学生回答：能量出它的周长。(学生没学过计算圆周长的方法)教师又问：用什么量？怎样量？学生回答：先用绳子绕一周，然后再用皮尺量绳子的长度。也有学生说：在地上滚圈，然后量地上滚动一圈的长度。教师充分肯定学生的方法有一定的可行性。然后教师接着问：如果给你们一个非常大的圆，还这样操作是否方便可行呢？有没有简单的方法来计算圆的周长呢？教师用了一系列启发性提问，促使学生自主探索知识。在学生经过知识矛盾碰撞的基础上，教师再通过实验、谈话等让学生了解圆周率以及求圆的周长的方法。一切也就显得水到渠成。

正如特级教师于漪所说："教学语言要做到优美生动，除了知识素养、语言技巧之外，还必须倾注充沛、真挚的感情。情动于中而言溢于表，只有对所教学科、所教对象倾注满腔热情，教学语言才能充分显示其生命力，打动学生的心，使学生产生强烈的共鸣，受到强烈的感染。"著名数学教育家波利亚非常注意这一点，有时他一眼就能看出学生的计算是错误的，但却还是喜欢以温和的态度、亲切的语调、慈祥的目光和学生一起一行一行地查看。学生回答问题时，有的老师经常说"你答得很好"、"你并不比别人差"、"你也许课前忘了复习，若课前看了，我相信你是能够回答的"等，这样做让学生在学习上有信心、有奔头、有积极性，使他们能"亲其师而信其道"。

【策略】

一、选择"讲什么"

讲授是指教师以语言为载体，向学生传输知识信息、表达思想感情、启迪学生心智、指导学生学习和调控课堂活动的教学行为。"善讲者未必善教，但善教者必定善讲"。曾经有一段时间，教师"忌讳"讲，甚至有人把教师讲了多少作为评价一堂课好坏的重要依据，这是因为许多教师把"讲授法"与"填鸭式"等同起来了。传统的"讲授法"与"启发式教学"、"探究式学习"并不是对立的。关键看教师讲什么。讲什么呢？讲学生终身发展需要的，讲精华部分。著名教育家叶圣陶曾说："教材无非是个例子，凭这个例子要使学生能够举一反三……"教师可以"讲"：

1. 点：知识的基本单位。如知识点、重点、难点和关键点等。

2. 线：点与点的联系。如教材中的主线等。

3. 面：若干点与线的结合。如章节单元、课时等。

二、设计"怎么讲"

设计"怎么讲"，即讲授设计，就是对讲授的组织与程序进行科学的设计，以针对具体的教学内容依据学生认知状态作出教学过程的预设。一般可从以下四个方面展开思考。

1. 教材的组合。

这是讲授设计的基础。对教材进行一番科学的组合，根据内在逻辑关联（如思考的策略相同）进行内容的调整有利于形成知识结构化，达成课堂教学效率最大化。

案例：100 以内不进位加法和不退位减法

（一）口算并说说是怎样算的

$32+40=$ _____ ;$29+4=$ _____ 。

（二）新授

1. 出示：$37+12=$ _____ 。

2. 探究算法：

师：你能用以前学过的本领来解决吗？把你的算法在位值表上圈一圈，写出计算过程。如果还有其他想法，可以再拿一张位值表圈一圈、算一算。

3. 反馈（用点子图在位值表中表示以下的多种算法）：

① $30+10=40$　② $37+10=47$　③ $37+2=39$　④ $12+30=42$　⑤ $12+7=19$

　$7+2=9$　　　　$47+2=49$　　　$39+10=49$　　$42+7=49$　　　$19+30=49$

　$40+9=49$

教师引导学生通过数的分拆，十位上的数加十位上的数，个位上的数加个位上的数，再合起来；也可以把 12 分拆成 10 和 2，把 37 拆开，先加整十数，再加一位数，或者先加一位数，再加整十数。学生将两位数加两位数的新问题，通过分拆转化为"整十数加整十数，个位上的数加个位上的数"或"两位数加整十数，它们的和再加一位数"这些以前已经掌握的计算方法来计算。

4. 用自己喜欢的方法来算一算：$43+25=$_____。（反馈时说说自己是怎样算的）

5. 用这些方法尝试解决两位数减两位数的计算。

出示：$58-25=$_____，小组讨论有哪些不同的算法，并记录下算法。

反馈（用点子图在位值表中表示不同的计算方法）：

① $50-20=30$ ② $58-20=38$ ③ $58-5=53$

  $8-5=3$ $38-5=33$ $53-20=33$

 $30+3=33$

反馈学生的各种算法后，教师小结：$58-25$，我们也可以通过分拆 58 和 25，转化为"整十数减整十数，个位上的数减个位上的数"或把 25 分拆成 20 和 5，用两位数减整十数再减一位数这些以前已经掌握的计算方法来计算。

6. 用你喜欢的方法算一算：$47-35=$_____。

归纳：你发现两位数减两位数和两位数加两位数在思考方法上有什么相同的地方？（都可以通过分拆转化成学过的计算方法来计算）

分析：现行上海市小学数学一年级第二学期关于 100 以内不进位加法和不退位减法的教学，是分别分散在加法与减法教学过程中的，但其计算的方法与转化的策略是一样的。因此有的教师就对这两个内容进行组合教学，安排在一课时内进行。要关注引导一年级的学生运用已有经验探究新知，并在这样的过程中让学生体验转化思想；以数形结合的方式，展示学生不同的计算方法，培养算法思维。

2. 确定科学的讲授程序。

确定讲授程序，即把讲授的先后顺序，以及各层次间的过渡与衔接设计好，使每一个教学程序的展开，都是科学知识与学生接受规律的合理结合，使学生听得清晰明确，理解知识的实质与内在联系。

▶ **案例：工效、工时与工作量**   （案例提供：民办打一外国语小学 翁勇）

第一环节：说一说每题的数量关系式。

小华的爸爸是一名出租车司机，每天要工作 10 小时。有一天，他给小华出了三道数学题：

（1）早晨爸爸去加油站给车加油，共加油50升，付款350元，每升油应付多少钱？

（2）出租车一共行驶了400千米，平均每小时行驶多少千米？

（3）这天爸爸一共接送了30批乘客，平均每小时接送几批乘客？

教师在第一环节首先帮助学生回忆"单价、数量、总价"及"速度、时间、路程"两组数量关系，并引导学生借助已有经验，理解"单价与总价"及"速度与路程"之间的辩证关系。

第二环节：提供观察信息，提炼基本数学概念。

在我们的生活中还有很多跟工作有关的数学知识，教师提供信息，引导学生进行分类并汇总成下表。

工作时间	工作量	工作效率
10小时	接送30批乘客	平均每小时接送3批乘客
5天	送120份快递	平均每天送24份快递
2小时	做14个小熊	平均每小时做7个小熊
3分钟	打印36页纸	平均每分钟打印12页纸

教学的第二环节，教师在学生分类、归纳、感悟的基础上，形象化地讲解"工作时间"、"工作效率"与"工作量"，并引导学生体验"工作效率"与"工作量"之间的区别，特别指出每分钟（每小时、每天等）完成的工作量叫做工作效率，并且进行了相关数量关系的归纳建模。

第三环节：根据所给信息，提出问题。

今年国庆节期间，某游乐园售票处每小时售票约300张。_____？

在学生基本能够利用数量关系解决实际问题的基础上，在课堂教学的最后一个环节，教师请学生根据所给信息，提出合适的数学问题。"每小时售票约300张"，在不同的问题情境下，所表示的含义是不一样的，可能表示工作量，也可能表示工作效率。以此能让学生及时地体会并指出工作效率和工作量的相对性。

3. 科学地安排教学时间。

整个课堂结构中各部分所用的时间都要合理,使得课堂教学的面貌表现得严密、紧凑,并尽可能给予学生练习和阅读的时间。即从讲授时间合理、课堂教学容量恰当、学生收获多三个因素上,提高课堂教学效果。

▶ **案例:圆的初步认识**　　　　　　(案例提供:复旦大学附属小学　沈思远)

一、第一板块的活动设计——寻找生活中认识的图形(活动时间:3分钟)。

1. (图片欣赏)寻找生活中认识的图形(尤其是圆,要让学生着重欣赏)。体会圆在我们的生活中无处不在。

2. 揭示即将开展的活动主题。

活动说明:获得基本表象经验,为后继探究活动作铺垫。

二、第二板块的活动设计——画圆初探(活动时间:20分钟)。

(一)圆的形成

1. 独立尝试画圆。

(工具:一元钱硬币、胶带、线、图钉、橡皮筋、两支铅笔、三角尺)

2. 学生个体尝试后再在学习小组内交流自己画圆的方法以及画圆过程中的体会。

3. 学生在实物投影上当场演示画法。

4. 质疑:为什么有些同学成功了,有些同学却失败了呢?

5. 播放媒体:画圆的过程。

小结:在画圆的过程中一定要有个固定的点,其次,一定要有段固定的长度,最后绕一圈,这样就形成了一个标准漂亮的圆。

(二)圆各部分的名称:学生自学课本,了解相关的概念

(三)圆心、半径的作用

1. 质疑:所画的圆的位置以及圆的大小由什么决定?

2. 演示并动手实践,体会圆心决定圆的位置,半径决定圆的大小。

(四)圆心与半径的特征

学生操作并可以发现:

(1) 圆心是圆的正中心,可以通过对折再对折的方法得到。

(2) 半径是圆上任意一点到圆心的连线,在一个圆中可以画无数条半径。

活动说明:了解圆的基本组成要素,是本节课的重点。教师给了充分的时间让学生根据已有生活经验尝试利用一些常见的工具画圆并交流画圆的方法,使学生进一步理解圆的两大关键要素:固定点和固定长。通过"独立操作——小组交流——大组汇报——讨论归纳"的学习模式,进一步丰富了对圆的认知的活动的经验。

三、第三板块的活动设计——圆规画圆(活动时间:10 分钟)。

1. 媒体演示:引出画圆工具——圆规,并了解圆规的构造。

2. 学生尝试用圆规画圆,并总结圆规画圆的方法和技巧。

活动说明:用圆规画圆对于四年级的学生来说看似容易,其实不然。教师在这里安排了 10 分钟的教学时间,让学生初步体会用圆规画圆,并总结圆规画圆的方法和技巧,为后续学习打基础。

四、第四板块的活动设计——感受圆的美(活动时间:2 分钟)。

1. 课中拓展。

媒体演示:正方形的边长为 6 厘米,通过旋转,转出的圆半径是多少厘米?

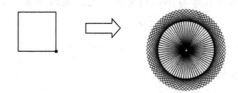

2. 课后拓展。

请同学们到校园中找一找,用相机或父母的手机拍一些含有圆形的照片。

活动说明:数学活动经验需要在"做"的过程和"思考"的过程中积淀,是在数学学习活动过程中逐步积累的。这一内容也可以视教学实际,安排在课后进行。

4. 教学法的组织与安排。

即如何根据教材特征、学生特点,进行恰当的点拨。

▶ **案例：表面积的变化之教学片断：拼拼算算，发现规律**

（案例提供：打虎山路第一小学　徐洁群）

活动一：

➢ 将两个体积是1立方厘米的正方体拼成长方体，体积有没有变化？拼成的长方体的表面积与原来两个正方体的表面积之和是否相等？

➢ 把两个这样的正方体拼成一个长方体，减少了原来几个正方形面的面积？原来两个正方体的表面积之和是多少？拼成的长方体的表面积又是多少？你是怎么算的？

活动说明：学生通过实际拼搭，发现两个相同的正方体拼成长方体后，表面积减少了原来两个小正方形面的面积。通过计算，发现拼成的长方体的表面积比原来两个小正方体的表面积之和减少了2平方厘米。教师的点拨作用在于——教师精心设问，引导学生在"做"中思考，并初步发现规律。

活动二：

➢ 将三个这样的正方体排成一长条，拼成一个长方体，表面积比原来减少了几个正方形面的面积？

➢ 类比联想：四个这样的正方体如下图这样拼呢？五个甚至更多个正方体像这样拼呢？……先拼一拼，然后把表格填写完整。填完后在组内交流。

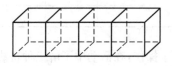

正方体的个数	2	3	4	5	···	9	···
拼成长方体后减少了原来几个面的面积							
原来正方体的表面积之和（cm²）							
拼成的长方体的表面积（cm²）							

➢ 引导观察，点拨归纳，引导学生得出规律：(1)每重叠一次减少两个面；(2)重叠

面越多,表面积减少越多。

活动说明:在这一环节,教师设计了这样的活动层次:1.学生独立思考、尝试填表;2.实践拼搭,验证结果并进一步发现三个、四个正方体排成一长条时,拼成的长方体表面积发生的变化,让学生初步感到这个变化存在着一定的规律;3.引导学生不借助学具,观察表格中数据的变化规律,归纳得出表面积的变化规律;4.运用规律,直接得出当正方体的个数达到 9 时,表面积的变化情况。教师的点拨作用在于——精心组织活动实施,让学生知识的探究经历"具象操作——抽象建模"的过程。

活动三:

➤ 用两个相同的长方体(如下图所示)拼成大长方体,有几种拼法?表面积的变化情况是怎样的?

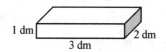

➤ 根据不同的拼搭方法,把表格中的内容填写完整。

拼搭方法	拼成后的长方体	长（dm）	宽（dm）	高（dm）	减少的面积（dm²）	表面积(列式计算)（dm²）
方法一						
方法二						
方法三						

活动说明:通过学生动手操作,在活动中了解三种拼法:分别是将上下面相拼、左右面相拼、前后面相拼,让学生在体验物体拼摆的过程中发现表面积的变化规律:重叠面越大,表面积减少越多。教师的点拨作用在于——将学生在动手实践中获得的基本经验与感悟,及时建模与建构,从而发展学生的数学思维。

教师知识讲授的能力和艺术,对于教学过程的重要性是不言而喻的。要"讲"得科学,"讲"得艺术,数学教师应该通过分析事实、经验或实验,准确概括本质属性与基本特征,引导学生经历发现问题、解决问题的学习过程。

【推荐阅读】

1. 管梅. 试论数学语言的特点及教学. 现代中小学教育,2002(02).

2. 王凤霞. 小学数学语言的运用应注重的一些方面. 教育实践与研究(小学版),2005(01).

3. 林良富. 教育家书院丛书研究系列:超越模式的小学数学课堂教学. 北京:教育科学出版社,2013.

【问题思考】

选择教材中的一个学习内容,开展一次听课活动,并作一个"执教教师在本节课中对知识讲授策略的运用"的分析。

(本主题撰写者:杨浦区教师进修学院 陈 谨)

主题二

问题设计

小学数学教学不论采用何种教学方式，都是不断在"提出问题——分析问题——解决问题"的过程中展开的，"提出一个问题比解决一个问题更为重要"，教师在进行数学教学前需要精心设计相关问题来引起学生的思考，不断激发学生探求新知的欲望，问题设计的优劣是影响教学质量高低的重要因素之一。在教学中教师通过适时、恰当地提出问题、给学生提问的示范，可使学生领悟发现和提出问题的艺术，逐步培养学生的问题意识，孕育创新精神，保证学生学习数学的积极性、主动性、系统性、有效性和持久性。

▶【案例】 （案例提供：曹路打一小学　田瑞芝）

案例内容：九年义务教育课本数学三年级第二学期"几分之一"

片段：

（一）初步认识 $\frac{1}{2}$

1. 问题一：小胖和小巧两人平均分 6 粒糖，每人能分到几粒？

你是怎么列式的？

为什么用除法？

你能用上节课学过的整体与部分的知识说一说吗？

2. 问题二：小胖和小巧分一块蛋糕，又可以怎么分呢？

(1) 动手分一分,并用上节课学过的整体与部分的知识说一说。

小结:不管怎么分,蛋糕都是整体,每人得到的一块蛋糕都是原来蛋糕的一部分。

(2) 引出分数"$\frac{1}{2}$":

① 想一想:$\frac{1}{2}$ 里的 1、2、$\frac{1}{2}$ 各是什么意思?

② 揭示课题:像 $\frac{1}{2}$ 这样的数叫做分数,如:把一个蛋糕平均分成 2 份,每份是它的 $\frac{1}{2}$,是 $\frac{1}{2}$ 个蛋糕。(板书补充完整)

(二) 进一步认识 $\frac{1}{2}$

要求:这里有一张长方形纸,你能折出它的 $\frac{1}{2}$ 吗? 找到后画上阴影,并标出 $\frac{1}{2}$。

1. 动手操作。

2. 思考:明明折法不同,为什么涂色部分都是长方形的 $\frac{1}{2}$ 呢?

3. 小结:同样的长方形用不同折法可以得到 $\frac{1}{2}$,那么不同图形用相同折法也能得到 $\frac{1}{2}$ 吗? 请选择一个喜欢的图形试一试。

4. 练一练:下面哪个图形的涂色部分可以用 $\frac{1}{2}$ 表示,请说明理由。

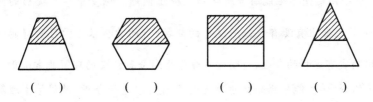

( )　　　( )　　　( )　　　( )

(三) 认识几分之一

1. 思考:刚才我们认识了 $\frac{1}{2}$,那么你们还想认识几分之一呢?

2. 操作并交流。（选择喜欢的图形试一试）

3. 小结：刚才同学们通过折一折的办法又找到了 $\frac{1}{4}$、$\frac{1}{8}$……它们都是分数。

（四）总结收获，提出问题

1. 今天这节课你学到了什么？

2. 关于几分之一，你还想知道什么？

▶【案例分析】

　　本课设计的最大特色是教师精心设计了一系列问题，引领学生一步步开动脑筋展开教学。特别欣赏这几个问题：

　　1. 同一种图形用不同折法可以得到 $\frac{1}{2}$，那么不同图形用相同折法也能折出 $\frac{1}{2}$ 吗？

　　分析：这个问题让学生真正理解了 $\frac{1}{2}$ 的含义，并加深了对平均分概念的理解。

　　2. 刚才我们认识了 $\frac{1}{2}$，你们还想认识几分之一呢？

　　分析：这个问题使学生的思路得以拓展，并自然引出了下一个教学环节。此操作不仅巩固了前面学习到的分数的含义，而且在交流中学生将分数的含义得以内化，从 $\frac{1}{2}$ 拓展到了几分之一。

　　3. 关于分数，你还想知道什么吗？

　　分析：这个问题使学生能结合所学知识提出问题。课堂中学生提出的问题都很有价值，如：学生提出有没有 $\frac{3}{4}$、$\frac{1}{100}$ 这样的分数（有的学生根据学习所得能向提问学生举例说出确实有这样的分数，说明这部分学生对分数意义的理解非常透彻）、分数是否一定要平均分（学生能根据分数的含义向提问同学进行分析，说明学生理解了分数产生的条件）、分数各部分的名称是什么、分子能否不是1、分数怎么比较大小等。有的问题可当堂解决，有的可以在今后的学习中继续学习。

　　上述案例中，田老师在课堂中所提的一系列问题统领了整个课堂教学的内容，每个问题不仅引起学生思考的欲望,也层层递进地引领学生不断去积极探究分数的含义、读法、写法、用处等,更值得称道的是每个问题的提出也是教学环节的很好过渡,设计得非常巧妙,既引起学生的不断再思考,又不落痕迹地过渡到下一个教学环节,这一点值得大家学习。

【问题设计的困惑】

1. 教师如何精心设计与教学内容密切相关的问题来引起学生的思考?

2. 面对学生交流的不同结果,特别是与预设答案不同的结果,教师如何调控课堂?

【策略】

课堂提问是一种最直接的师生双边活动,也是教学中使用频率最高的教学手段,更是教学成功的基础。教师在课堂教学中需要不断抛出有效激发学生思考的一个个问题来贯穿整个教学过程和连接相关知识,并激发学生不断探索的欲望。

首先,教师的提问必须围绕教学目标,体现实效,在研究设计教学思路时预设问题,引导学生思考和探索,并预设学生的反馈情况。

第二,教师的有效提问,更多的还需要学生的有效互动,在教师提出问题后,需要关注学生的反馈,并引导学生正确规范地表述。

第三,教师预设的问题还要和学生课堂生成的问题有机结合,不断在课堂中激发学生提问,不断促进学生的思考与探究欲望。

第四,教学过程是动态的,因此教师还需要根据教学情况,恰当调整问题,提高教学的有效性。

第五,教学是个循环往复的过程,教师需要在课后及时反思教学效果,审视预设的问题是否得到了有效反馈,教学的过程是否还有调整与改进之处。

总之,在设计问题时,教师需要注意以下几点:问题应当具有启发性和趣味性,能激发学生的思考;问题的难度应适中且具针对性,使学生调动已有知识与经验能够解决;问题要有一定的开放性,可使学生从多方面、多角度思考,激发学生的创新精神;问题要有整体性与层次性,既要考虑到教学知识的整体又要兼顾学生的个体差异,使不同层次的学生都能运用自己的方法解决问题,获得提高。教师的成功就在于激发每位学生的求知欲,促使学生不断地乐于学习。

【推荐阅读】

1. 小学数学课堂教学中有效问题设计的方法与策略 http://blog.sina.com.cn/s/blog_6682ec7f0100xjv8.html

2. 小学数学课堂教学设计的问题与对策 http://www.fyeedu.net/info/121309-1.htm

【问题思考】

以问题设计为主要线索,设计你所执教学段的一个教学片段。

(本主题撰写者:打虎山路第一小学　张　丽)

主题三

观察与倾听

　　课堂教学中,教师善于观察学生,积极听取学生的心声,对于提高学生的学习主动性和学习效率很有帮助。而数学作为一门基础学科,它的作用是十分重要的,它对一个学生理性思维的形成起着决定性的作用。因此,作为数学老师应该把握好课堂的教学节奏,善于观察学生,积极听取学生的心声,充分发挥课堂的有效性。

　　为什么教师要在课堂上进行有效的观察和倾听? 教学过程是师生相互交往、相互交流的过程,在这一过程中信息的传递是双向甚至是多向的。学生和教师的交流要彼此信任、默契,同时教师要不断提高自己驾驭教材、驾驭课堂的能力,教师微笑而耐心的倾听,往往能激发出学生独到的见解。

　　在课堂教学中,教师不仅要做一个头脑清晰的讲授者,还要做一个反应敏捷的倾听者。教师要对学生进行细心的观察,根据学生的情况与状态随时调节教学进度,甚至改变教学策略,以使教学有效地进行。

▶ **案例**　　　　　　　　　　　　　　　（案例提供:平凉路第三小学　黄苹）

　　教学内容:九年义务教育课本五年级第一学期第 70、71 页"梯形的面积"。

　　片段一:创设情境,提出问题

　　师:我们已经认识了哪些平面图形,掌握了有关这些平面图形的哪些知识呢?

　　生 1:我们已经认识了长方形、正方形、平行四边形、三角形和梯形。

　　生 2:我们已经知道了长方形、正方形、平行四边形、三角形和梯形的基本特征和怎样求长方形、正方形、平行四边形、三角形的面积。

师：你们还想学习关于平面图形的哪些知识呢？

生：我还想知道怎样求梯形的面积。

师：好的，今天这节课我们就一起来研究怎么样求梯形的面积（出示课题：梯形面积的计算）。

片段二：合理推理，自主激活

教师出示一个梯形。

师：根据我们已有的知识和经验，你们认为可以怎样来求这个梯形的面积呢？

学生开始议论起来，有的拿手边的梯形开始比划着。（师巡视并观察学生情况）

师：谁能说说你准备怎样来求梯形的面积？你是怎么想的？

生1：我可以用数方格的方法来求这个梯形的面积。

生2：这个方法太麻烦了。我认为可以把梯形分成两个三角形，先求出两个三角形的面积，然后求出梯形的面积。

生3：我认为可以把梯形分成一个平行四边形和一个三角形，先求出平行四边形和三角形的面积，再求出梯形的面积。

生4：前面我们学过通过割补的办法把平行四边形转化为长方形可以推导出平行四边形面积的计算方法，所以我想是不是可以通过割补把梯形转化成一个长方形或平行四边形、三角形，然后求出它的面积。

片段三：自主探索，主动建构

师：刚才同学们设计了多种方法来求梯形的面积，这些方法是否可行呢？下面就请同学们采用你认为可行的方法来试着计算这个梯形的面积，你最多会用几种方法来计算？每种方法的计算结果是否相同？如果不相同，它们之间又有怎样的关系？碰到问题可以和同学一起商量。

学生在教师的鼓励下都在努力运用已有知识和经验尝试解决这一问题，有些学生的交流讨论非常热烈，根据各组的汇报结果，主要集中了下面这几种方法，教师于是进行板书。

方法1：运用"先分后合"的方法，将梯形分割成两个基本图形，再推导出梯形面积的计算方法。

方法2：将两个完全一样的梯形拼成一个平行四边形，再推导出梯形面积的计算方法。

通过师生共同探讨，运用运算定律和运算性质，得出了：

梯形的面积 ＝（上底＋下底）×高÷2，即 $s = (a+b)h \div 2$。

【实践中的问题】

上述案例主要集中于两个问题：

1. 创设合理的问题情境，认真倾听学生提出的学习愿望或希望解决的问题。

课堂中，通过教师提出的两个针对性较强的问题"我们已经认识了哪些平面图形，掌握了有关这些平面图形的哪些知识？""你们还想学习有关平面图形的哪些知识？"激发学生自主地提出自己想学习的知识、希望解决的问题，有效提高学习积极性，为学生主动探求知识奠定了坚实的基础。而教师真诚耐心地倾听学生的意见，理解和尊重他们，接纳他们稚嫩的观点，分担他们的困惑，共享他们的快乐，用温暖的笑脸去面对他们，并加以正确引导，才能有效发挥教师的主导作用。

2. 促进学生自主激活已有知识经验，仔细观察学生自己设计解决问题的方案。

当学生面对一个付出一定努力能够解决的问题时，教师要在对学生仔细观察、充分了解的前提下，通过恰当的方式引导学生自己设计解决问题的方案，而不应该是直接告诉学生如何去做。教师应该为学生创设一个主动探究的空间和氛围，引导学生在提出问题的基础上，根据已有知识经验，通过类比、联想等合情的推理方式去进行猜想，主动建立与认知结构中相关知识的联系，相互作用，形成学生自己解决问题的设想和方案，从而为形成多样化的解题策略和发挥学生主观能动性提供广阔的空间。

【策略】

一、课堂观察与倾听的内容

1. 观察课堂学习气氛，倾听学生的回答、提问与讨论。

课堂的学习气氛，不仅影响学生的学习效果，而且还左右教师的讲课情绪。课堂教学中,教师应注意观察良好的学习氛围是否形成,学生反应是否积极,学习兴趣是否浓厚,学生是否开动脑筋自主探索并在小组讨论中进行积极的交流,课堂教学目标是否达到等。一般在数学课堂上,本课时内容的难易程度,会对该课堂的学习气氛有很大的影响,特别是导入新知识的过程,对一节课的学习气氛是否形成起着重大的作用。

教师要重视学生的提问,善于倾听、思考,细心体验学生的情绪,从而发现学生提问中有意义和有价值的一面,这也是教师能否组织好课堂教学的重要条件。教师的倾听不仅可以了解学生学习的动态,明确他们思维受阻的原因,同时也是师生相互交往与沟通的必要手段。

2. 观察学生神态表情,倾听学生的思想、需求与情感。

目光观察。学生的目光往往流露出内心的真实情绪,教师应注意捕捉并体会学生目光所传递的信息。学生的目光或期待、急切、专心致志,或困惑、茫然、游移不定,或心领神会,或疑虑重重,教师要及时捕捉这些信息,判明原因,并及时调整教学策略。

面部表情观察。教学活动中,教师要注意观察学生的各种面部表情,并理解它们所传达的学习心态的信息。学生困惑时经常会眉头紧锁,嘴唇闭拢,神情焦虑不安;理解了学习内容时则双眉舒展,面露微笑,频频点头;思考问题时常常面色沉重,双唇紧闭,有时口中还念念有词;专心听讲时目光凝重,神情专注;心不在焉时目光游移,表情木然,左顾右盼……只要教师注意观察,就能了解学生在课堂上的学习心态。

形体动作观察。学生的身体语言也会透露出学生在学习过程中的心理感受。教师仔细观察学生的身体语言,细心体会,会收获一些不可小视的教学信息。这种形体动作观察,在数学课堂上尤为适合,例如:一道练习题,会做的学生往往在老师布置以后,马上埋头演算;而不懂的学生,要么摇头挠首,要么左顾右盼,表现出烦躁不安的体态,教师应对此多加留意,并适当地予以辅导。

二、课堂观察与倾听的方法

1. 课堂观察的方法。

扫视法。这是一种群体观察方法,适用于集体教学的场合,对于一般的数学课堂上导入新知识的环节尤为适用。教师可借此了解班级的整体动态与教学效果。

巡视法。在数学课堂中,课堂练习是必不可少的一个环节,而巡视法作为群体观察的一种方法,主要用于教师讲解完新知识,让学生进行课堂练习、小组讨论等场合,是教师为有效地指导学生学习而使用的观察方法。

注视法。这是一种对个体进行观察的方法,主要适用于教师对学生个别指导的场合。注视既可以观察学生是否理解了教学内容,又可以提醒学生集中注意,仔细听讲。但是,注视的时间不宜过长,否则会起反作用。

调查法。调查法通常采用提问等口头调查方式,是教师从对学生的答案、回答语气和神态的观察中获取信息,或者通过学生举手的情况来测量教学效果的一种观察方法。

2. 课堂倾听的方法。

启发诱导法。在倾听学生发表见解时,教师不能轻易打断他的思路,当学生思维受阻时,也不应置之不理,而应进行适当的启发引导,然后让学生自己去探索发现问题的答案。当学生思维方向出现了偏差,教师应及时提醒并给予适当的帮助。

追问深入法。课堂问题通常是多层次的,包含一个主要问题和若干个小问题。具体教学过程中,教师往往对问题采用追问的方法,逐步展开,逐渐深入。学生在回答问题时往往关注的是教师倾听的态度,包括发言者在内的所有人都在观察着教师的反应,看教师是认真倾听,还是心不在焉。教师倾听后的追问,意味着教师对问题有深入研究探讨的兴趣,同时意味着对学生发言水平与答题能力的肯定,意味着一种积极的倾听。

全神贯注法。全神贯注法是教师以专注的神态、期待的目光、鼓励的眼神、欣赏的表情进行倾听的方法。它作为一种有效的倾听方法,在使用时要注意:教师的目光不能东张西望、游移不定;教师应心无旁骛,认真专注地捕捉学生的每一句话,对发言者的观点要同时进行分析、辨别与理解,同时还要充分尊重学生,不要轻易打断学生的发言。

嘉奖鼓励法。教师的表扬、鼓励能提高学生学习的成就感,增加他们的自信心。教师使用嘉奖鼓励法要有灵活性,对成绩较好的学生,直接引申问题就是表扬;对成绩一般的学生,直接的鼓励有利于保持其学习积极性;对学习有困难的学生的发言要予以鼓励,以利于增强其自信心,引发学习兴趣。但鼓励嘉奖不能滥用,否则将适得其反。

【推荐阅读】

1. 夏雪梅. 以学习为中心的课堂观察. 北京:教育科学出版社,2012.

2. Thomas L. Good,Jere E. Brophy 著,陶志琼等译. 透视课堂. 北京:中国轻工业出版社,2002.

3. 郭永峰,徐来祥. 论教师的课堂倾听技能. 教学与管理,2011(8).

【问题思考】

以课堂观察和倾听为主要线索,结合你的日常教学实践撰写一篇相关案例。

（本主题撰写者:平凉路第三小学　黄　苹）

主题四

点拨与指导

新课程倡导自主合作探究的学习方式,倡导动态生成的课堂。在教学过程中,课堂点拨与指导显得尤为重要,它不仅能帮助学生及时摆脱学习上的困境,还有助于提高学生的学习兴趣,启迪学生的思维,激发学生的独创意识。这就要求教师在课堂上洞察秋毫,看准时机,把握火候,瞄准方向,及时进行点拨与指导。如果将课堂教学的全过程比作画龙的话,那么教师根据教学内容进行巧妙点拨就是点睛了。

现在的小学课堂中,教师使用的教学手段明显丰富了,在教学活动中会出现很多新的生成,这样的生成中,有很多是有利于课堂教学目标达成的。但也有很多是偏离教学的错误性资源,对于这样的资源,教师不能视若无睹,而是要发挥教学机智,进行适当点拨,促进教学的"正生成"。

教师掌握了这种点拨技能,就能使学生更好地理解、掌握数学知识,收到事半功倍的教学效果。点拨方法的好坏,直接影响着每一位学生,教师要全面提高教育质量和效果、推动教育教学的健康运行,就要把课堂教学与教学艺术融为一体。

▶ **案例** (案例提供:平凉路第三小学 陶隽颖)

教学内容:九年义务教育课本一年级第二学期"各人眼中的 6,15,20,……"

片段一:初步探究——各人眼中的 6

1. 出示苹果和盘子,请你把这些苹果分装在盘子里,你会选几个盘子,怎么装呢?

用 6 个小圆片代替苹果,分一分、摆一摆。

(1) 师:你选了几个盘子? 怎样分的? 能列出一个加法算式吗?

(2) 师:2+2+2=6,3+3=6,这两个算式各有什么特点?

2. 师:你还能找到像这样的加数相同、和是 6 的算式吗?

生:1+1+1+1+1+1=6。

师:你到底用了几个 1? 能用一句简单的话来表示这个加法算式吗?

生:6 个 1。

师:1 个苹果 1 份,有这样的 6 份。也就是 6 个 1。

片段二:体会有序思维——各人眼中的 15

1. 师:15 可以看成几个几? 在小圆片的帮助下摆一摆,说一说你摆了几个几。

师:谁愿意与大家交流一下。几个 1 份,有几份? 是几个几?

师:15 还有不同的表示方法吗? 有这样的 4 种情况。还有没有其他情况呢? 想一想,我们用什么样的好方法能将所有的情况一个不多一个不少地都找出来呢? 两个小朋友合作,摆一摆。

2. 生:从小到大分一分。

生:一对一对地找。

师:(根据学生的汇报调整板书卡纸)

师(小结):刚才第一个小朋友是按照每一份的数量从小到大的顺序去寻找的。另一个小朋友是按照一对一的方法去寻找的。两种方法都能帮助我们很快、很全地找出 15 的各种表示方法。

3. 师:来比较一下这两幅图。回忆一下他们在摆放小圆片的过程中有什么不同?

生:一幅是整齐摆放的,只动了一次小圆片。

师:看来排列整齐就能不移动小圆片,一次把 4 种情况都找到了。

师:原来把小圆片用行和列的形式排列整齐,就能直接看出 15 这个数的 4 种不同情况。这样的小诀窍能够帮助我们节省很多研究时间。

片段三:自选数巩固——各人眼中的数

师:现在就请小朋友自己选一个数,整齐地摆一摆,有顺序地找到不同的几个几。

师：你们找到了自己想摆的数了吗？

师：你选的是几？（12）找到几种不同结果？（6 种）汇报一下。

师：你选的是几？（16）找到几种不同结果？（5 种）有不同意见吗？有没有遗漏啊？

师：你选的是几？（19）找到几种不同结果？（2 种）你为什么有点不相信自己？哦，19 那么大的数怎么只有两种情况？下课后小朋友可以再研究一下。

【实践中的问题】

上述案例主要集中于三个问题：

1. 如何点拨，从而使学生体会到用"几个几"表达同数连加的语言简洁性？

学生充分发挥自己想象将 6 个替代苹果的小圆片任意分，并列出式子。可能是不同数加减，也可能是同数相加，加数个数也不同。再找出同数相加的式子，让学生观察并找出也是同数相加和为 6 的式子。在说到 $1+1+1+1+1+1=6$ 这个式子时，体会表述时的繁琐。这里是点拨的关键点，教师在这里提问："你到底用了几个 1？能用一句简单的话来表示这个加法算式吗？"学生自然而然想到用"几个几"这样的表述方式更为简洁，再过渡到学习"几个几"的含义就显得顺理成章。学生通过这次活动感知到同数连加的意义，理解"几个几"的含义。

2. 如何指导学生有序思维，体会矩阵排列的好处？

让学生在观察反馈中得到 15 的不同的拆分结果，并思考 15 是否还有其他拆分法。抛出指导性问题：有没有好方法能够一个不多一个不少地将所有的情况找出？同桌合作再次操作，逐渐体会到有序思考的优势。这里的有序可以是每份数从小到大找，也可以是成对地寻找。让学生在观察比较、倾听交流中，分享操作经验；突出有序寻找的优势，并且体会矩阵排列的好处。

3. 如何引导学生进行自主探究学习？

学生自选一个想要拆分的数，获得个性化学习的机会，同时继续将有序思想运用在其中，感受运用知识和经验的成功感。在这个环节中，有的选择平方数的学生只找到单数拆分法,有的选择质数的学生只找到两种方法。在这些生成的问题中,学生可以初步感受到质疑的乐趣,从而形成继续探究的动力。

【策略】

一、点拨在关键处,指导在急需处

数学本身是开放的、丰富多彩的,学习数学的过程更是迂回曲折,山重水复。教师要在学生"疑无路"之处指点,在关键处点拨,帮助学生实践"柳暗花明"。

新课程下的数学学习强调让学生经历知识形成的过程,也就是让学生经历自主探索的过程。在这个过程中,学生往往会生出许多疑问,处于"心求通而不得,口欲言而不能"的状态,及时捕捉这个时机,巧妙点拨,常会起到事半功倍的效果。

1. 找准重、难点,分析学情,把握关键点。

找准教材的重、难点并弄明白学生的学习心理,也就抓住了教学的关键所在。在关键之处着手进行引导,能提高教学效率。因此,教师要尽可能多角度地研究教材,读懂教材的"是什么与为什么"。要顺应学生的心理需求,围绕教学目标对教学内容进行挖掘、重组和调整,使教学活动基于学生积极主动的心理状态而展开。教师的引导要推波助澜,促使学生的探究走向深入,认识更加深刻。

2. 点拨在思维重复时,突破僵局。

在课堂上,经常会碰到这样的情况:我们抛出一个开放性问题,想让学生用不同的方法进行解答,以培养学生的发散性思维,但是学生却往往在一条道上走到黑。这时就需要教师进行有效的点拨,促进课堂的"正生成"。有时在课堂上学生容易受到其他学生的思维暗示,使得思维只在原地踏步,无法得到突破。课堂上无法产生多样化的解题思路,这时就需要教师发挥教学引导的作用,帮助学生打破思维的囚笼,走入更广阔的思维空间,实现数学思维的有效培养。

3. 点拨在误入歧途时,重归正道。

在数学课堂上,学生在自主学习的过程中,由于受自身的知识和年龄特点的影响,在理解问题时常常会出现一些偏差而又不得要旨,非常困惑。由于学生受已有的思维定式的影响,容易使思维偏离正道,误入歧途。在这种情况下,教师不能粗暴地打断学生的思考,而是应该给学生足够展示思维的时间,再根据其错误的本质,因势利导。及时捕捉这个时机诱导,常会取得出人意料的效果。

4. 指导在急需处。

数学有时就是"无中生有"。而这种无中生有是非常重要的,甚至是数学的本质。人们为了建立自然和社会现象的主观联系而研究数学,从这个意义上说,数学的本质是发明,是主观构建。怎样帮助学生去主观构建? 在适当的时机进行指导,不失为一种有效的途径。要在学生困惑之处引导,想学生之所想,解学生之所难,指导学生探究的方法,让学生的探究活动更加务实,更为有效。

5. 找准时机,画龙点睛。

教学内容的丰富性,学生个体的差异性,决定了教学过程的多变性。教师的点拨要在何时、何处进行才最为有效? 有这样一个形象的比喻:"我们不能像那些无知的牧童,只凭性子硬牵着牛的鼻子走路,我们要学习那些有经验的老农,他们牵牛时,只到拐弯的地方才抖动一下缰绳。"如何寻找教学"拐弯"的地方,怎么抖动学生思维的"缰绳",真正做到"一语惊醒梦中人"? 点拨要点在关键之处、迷惑之处,要选准时机。教学中的点拨不是乱点和泛点,而是要画龙点睛,点燃智慧。

二、掌握点拨与指导的方法,恰当选择

1. 平坡法。

当学生面对老师的提问紧皱眉头时,可探明原因,指点迷津,减缓坡度。如问题难度太大,学生力不从心,可以通过细化及时铺垫,帮助学生转换思路。若因目标不明,学生茫然,可以提示目标,明确思维指向;若因创设情境陌生,可以通过演示,引导学生变通思维。

2. 引辩法。

因水平和能力的差异,课堂上常会出现截然不同的矛盾答案。对此,老师可不做仲裁,而抓住契机,引辩启思,从而统一意见,求得理解。

3. 疏导法。

若教学中学生提些与教学目标无关的问题,则通过点拨正思路。若问题简单,则当即给予答复。可告诉学生课后再帮助其解决。

有教育家认为:"教育的艺术就是懂得如何引导。"在教学中,善于捕捉最佳时机,选择恰当的点拨方法,就可以为学生指点迷津,拓宽视野,启发思维。教师的点拨与指导,既是一种方法,又是一种理念,只有在实践之中不断总结和反思,通过实践再改进,才能使课堂充满思维的碰撞。

【推荐阅读】

1. 余文森. 小学数学名师高效教学设计艺术. 重庆:西南师范大学出版社,2010.

2. 袁希睿. 谈小学数学教师的点拨艺术. 新课程(小学),2010(6).

3. 宋贞帅. 小学数学教学中点拨的艺术. 博客日志 http://www. teacherclub. com. cn/tresearch/a/753135099cid00001

【问题思考】

以课堂上教师的点拨与指导为主要线索,结合你的具体课例撰写一篇相关案例。

(本主题撰写者:平凉路第三小学　陶隽颖)

教学情境创设

《数学课程标准》指出:"数学教学要紧密联系学生的生活实际,从学生的生活经验和已有知识出发,创设各种情境,为学生提供从事数学活动的机会,激发学生对数学的兴趣以及学好数学的愿望。"

有位古希腊学者曾说过:"头脑不是一个要被填满的容器,而是一把需要被点燃的火把。"由此可见,教师在课堂上的首要一步是想方设法点燃火把。在新课改下,如何才能迅速将火把点燃,进而引领学生走进更深一层次的学习呢? 这就需要教师掌握一定的创设情境方法,抓住学生的兴趣点,紧密结合教材内容,以不同的情境作为导入载体,切入新课学习。

所谓创设教学情境,是指在教学过程中教师出于教学目标的需要,根据一定的教学内容,用真实的情境呈现有待解决的问题。

教师创设问题情境的目的,是把数学新知识的学习建立在学生生活实践的基础上,通过营造现实有趣的学习背景,引导学生观察并思考,让学生亲自动手并实验,学生由此获得知识。创设情境能让学生有机会感悟数学,看到数学起源于现实,看到数学应用于生活;创设情境能为学生的学习提供认知停靠点,也能激发学生的学习心向。

▶ **案例**   （案例提供：平凉路第三小学　施庆裕）

教学内容：九年义务教育数学课本一年级第一学期第 46 页"加进来，减出去"。

教学片段：

（一）情景导入

通过图片情景说一个故事，提一个数学问题。

师：小朋友们，今天我来上你们的数学课，同时我还带来了 3 个卡通小伙伴，你们认识他们吗？他们是谁啊？

生：熊大、熊二、光头强。

师：他们要去丛林探宝，在探宝的路上，熊二肚子饿了，谁知道熊二最喜欢吃什么？

生：蜂蜜。

师：对呀，他们就去找食物了。看看他们一共找到多少？熊大找到了多少蜂蜜？（8 罐）再看看熊二呢？（5 罐）

师：谁能说一个数学小故事，并提一个问题？

生：熊大找了 8 罐蜂蜜，熊二找了 5 罐蜂蜜，现在一共有几罐蜂蜜？

师：说得非常好，现在一共有几罐蜂蜜呢？谁来回答她？

师：找到蜂蜜以后，熊二开始吃蜂蜜啦，看看他吃了多少？（5 罐）

师：谁能来说一个小故事，提一个问题？

生：一共有 13 罐蜂蜜，其中熊二吃掉 5 罐蜂蜜，问还剩几罐蜂蜜？

师：现在还剩几罐蜂蜜？用什么方法计算？算式是什么？

（二）操作感知

用小圆片代替实物，在 20 数列板上摆放列式。

师：他们吃饱了以后，继续探宝，瞧瞧他们找到了什么？宝箱里有什么呢？（7 枚金币）

师：现在老师想用蓝色小圆片代替金币放在 20 数列板上，谁来帮我摆一摆？

师：看看还有什么？（6 枚银币）

师：谁愿意上来摆一摆,用红色小圆片表示。

师：他们一共找到多少枚钱币呢?你能用算式来表示吗?

生：算式是 7+6＝13,7 枚金币和 6 枚银币,一共 13 枚钱币。

师：接下来谁出现了?看看他做了什么坏事?哪个小朋友能用小圆片把偷走的银币表示一下?

师：6 枚银币被偷走了,那他们还剩多少枚钱币?算式怎么列?

(三) 应用新知

1. 练习一。

师：熊大、熊二继续去探宝,熊二又遇到一些数学问题。你们愿意帮他解决吗?

2. 练习二。

师：小朋友们真厉害,一下子就帮熊二解决了难题。那熊大遇到的更难的问题,你们有没有信心也来帮他解决呢?

师：有些小朋友和熊大一样被难倒了,大部分小朋友已经解决了难题。谁愿意来说一说?

3. 练习三。

师：光头强遇到了 3 道终极大难题,他说如果你们能帮他解决问题,他愿意把偷来的银币还给熊大、熊二,你们说好不好?

4. 练习四。

师：熊大和熊二费尽千辛万苦,在我们小朋友的帮助下总算找到了大宝箱。可是宝箱上有密码,你能用今天我们学的知识来帮他们破解密码吗?

(四) 全课总结

熊大和熊二找到了宝藏,我们小朋友也得到了知识的宝藏。谁能来说说看,今天这节课你学到了什么?

【提炼问题】

这节课始终以熊大、熊二和光头强之间发生的故事贯穿始终,学生学习的兴趣和探究的欲望一次一次地被激起,当数学知识和学生喜闻乐见的有趣情境"深情握手"之时,学生就变得乐不可支,并在这种喜悦中体验数学知识在实际生活中的应用价值。

这节课从引入、探究到练习环节精心创设了以下几个情境:1.熊大、熊二、光头强要去丛林探宝,在探宝的路上,熊二肚子饿了,熊大找了8罐蜂蜜,熊二找了5罐蜂蜜,现在一共有几罐蜂蜜?后来熊二吃掉5罐蜂蜜,问还剩几罐蜂蜜?2.他们吃饱了以后,继续探宝,他们找到了宝箱,打开后发现宝箱里有7枚金币和6枚银币,他们一共找到多少枚钱币?后来6枚银币被光头强偷走了,他们还剩多少枚钱币?3.熊大、熊二继续去探宝,熊二又遇到一些数学问题。光头强遇到了3道终极大难题,他说如果谁能帮他解决问题,他愿意把偷来的银币还给熊大、熊二。熊大和熊二费尽千辛万苦,在小朋友的帮助下总算找到了大宝箱。可是宝箱上有密码,谁能用今天学的知识来帮他们破解密码?

课堂的丰富性决定着学生的丰富性,课堂的卓越性决定着学生的卓越性。因而,教师总是特别地用心、用意、用情,从学生的童真、童趣、童心出发,构建出数学知识和生活情趣的"山山水水"。如此,课堂的气氛愈来愈活跃,学生的兴趣愈来愈高涨;"数学王国"里留下一串串探寻的足迹;师与生、生与生之间弥漫着积极、互助、融洽的气氛。

那么怎样在课堂中创设情境,如何有效合理地创设教学情境,如何拨动学生的思维之弦,激活求知欲,唤起好奇心,让数学知识充满亲和力和吸引力呢?

【策略】

情境创设有着它巨大的作用,不仅可以使学生容易掌握数学知识和技能,而且可以使学生更好地体验数学内容中的情感,将原本枯燥、抽象的数学知识变得生动形象、富有情趣。

1. 创设游戏的情境。

结合教学内容创设游戏活动或模拟游戏活动情境,引导学生在游戏活动中学习新知识、运用新知识。这种情境创设策略保证了学生学习积极性的发挥,激发学生学习的兴趣,做到了寓教于乐、寓乐于教。如教学"面积和面积单位"一课时,可组织比比哪一格站的人多的游戏。这样,学生的积极性一下子被调动起来了,积极思考,都想在尽可能小的空间里(1 平方米)多站几个人。这种游戏过程,既是学习知识、练习巩固的过程,又是提高加深的过程,教师何乐而不为呢?

2. 创设真实生活的情境。

根据教材内容的知识要点,创设以学生生活为素材或具有生活背景的数学情境,提出问题,引导学生以自主探索、小组交流讨论的方式加以解决。这种情境能激发学生的求知欲望,同时将抽象知识具体化,有利于学生理解和掌握。例如,教学"笔算乘法"一课时,教师创设了这样一个情境——教师随意在学生们的课桌上借用了 6 盒水彩笔,将这些水彩笔整齐摆放于讲台后问学生:"同学们,这些水彩笔每盒有 12 支,你们能帮老师算出 6 盒一共有多少支吗? 做一下,看你能想出几种算法。"真实的物体,真实的数据,一下子吸引了学生,也激发了学生进一步探究的欲望。

3. 创设问题思考的情境。

问题对数学学习起着决定性的作用,是思维的动因。问题情境是激发学生进行认识活动的有效方法。好的数学问题能够激发学生的学习积极性,促使学生主动地参与学习活动。例如教学"可能性"这一内容时,教师向学生提出了这样一个问题:"老师口袋里有 10 块奶糖和 3 块水果糖,要想使摸出水果糖的可能性变大,怎么办?"通过思考并与同伴交流讨论,学生很快得出"把奶糖数量减少"、"把水果糖数量增加"等方法。教学中这种具有挑战性的问题对学生很具吸引力,他们都愿意通过自己的探索尝试、合作交流,想办法找到问题的答案。

4. 创设体验错误的情境。

很多教师害怕学生出错,认为在课堂中学生如果出错的话,就说明教学不成功。其实,课堂往往因为出错而精彩。只要教师心中有数,学生出现错误未必不是好事,关键是教师如何防止他们犯同样的错误。如教学"计算器"一课时,教师在这节课中设计了一个让学生经历错误的情境。教师出示三道题目:$57734+7698$, $56\div7$, $2345-39\times21$。学生计算到第三题时就出现了问题。为什么会出现明显错误的答案? 这时教师就起到了引导的作用。可见计算器不是万能的,那么怎么解决这个问题呢? 有的学生提出可以先算乘法,把答案记在纸上再算第二步。教师又顺势向学生介绍了 M+(储存)和 MRC(提取)这两个键的使用方法。学生恍然大悟,原来计算器还可以是智能的。这样教学,学生对经历过错误后再探索发现的方法必定记忆深刻,不容易忘记。

5. 创设争论性的情境。

争论是一种使学生积极思维的方法,表现为学生思考问题时不墨守成规,追求标新立异。在数学教学中,教师要善于引导学生不受陈规的约束,提出新见解和异议。这种情境创设策略多用于解题教学中。如学习轴对称图形后,书上练习中有这样一道题:下列图形中哪些是轴对称图形?其中有一幅图是一架飞机。学生对此进行了争论,通过争论,学生意识到轴对称图形是一种平面图形。在争论中,学生深刻理解了轴对称图形的内涵,为以后的学习指明了方向。课堂教学需要这样的争论,因为争论是不同思维活动互相碰撞的最直接、最具体的表现形式。在争论中,学生的思维高度集中,往往能迸发出创新的思维火花,智慧也就应运而生。

【推荐阅读】

小学数学课堂创设有效情境的策略研究 http://www.docin.com/p-235154010.html&endPro=true

小学数学教学中如何创设情境 http://wenku.baidu.com/link? url=axtNIFarq gkt0RxlFKhNyx8IdL5SnRDn6yvc_nBiHIuA9ChOhY7YbL-Lysc3LzdLKLNY0sbCAXE 0KMnmCy291fuUv_FHQtYDYHq5PAkRQjq

【问题思考】

要使创设的情境有效,我们就应该使创设的情境与学生的学习内容有直接联系。请以学生需要为中心,以创设情境为教学手段,设计你所执教学段的一个教学片段。

(本主题撰写者:平凉路第三小学　施庆裕)

主题六

板书的设计

我们把教师在黑板上书写的文字、字母、数学符号以及图表等,统称为板书。科学研究证明:在进入人脑的各种信息中视觉信息约占 75％,而板书的特点,体现在教师在课堂上利用视觉形象与学生交流信息、向学生传递知识。课堂教学板书,素有"微型教案"之称。小学数学课堂教学板书的特点,体现在根据教学的需要,教师以简练的文字、图表或符号等传递教学信息。教学板书伴随着课堂教与学活动的展开而适时地展现在学生的面前,能突出课堂教与学过程中的重点、难点,凸显学生学习的思维导向,并有利于学生对知识学习过程进行整体感知与建构。

▶ **案例**　　　　　　　　　　(案例提供:上海市第二师范学校附属小学　张献雯)

教学内容:九年义务教育数学课本五年级第一学期"组合图形的面积"。

教学目标:

1. 认识组合图形,知道组合图形是由几个基本图形组成的。

2. 知道能够利用"分割"、"增补"等方法来计算组合图形的面积。

3. 能根据不同的条件选择合适的割补方法求组合图形的面积。

教学重难点:根据条件用合适的割补方法求组合图形的面积。

"组合图形的面积"板书设计

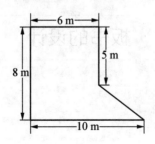

分割：

解：$S_1 = 6 \times 5$　　　　$S_2 = (6+10) \times (8-5) \div 2$

　　　$= 30(cm^2)$　　　　$= 24(cm^2)$

$S_总 = 30 + 24 = 54(cm^2)$

解：$S_1 = 6 \times (5+8) \div 2$　　$S_2 = 10 \times (8-5) \div 2$

　　　$= 39(cm^2)$　　　　$= 15(cm^2)$

$S_总 = 39 + 15 = 54(cm^2)$

解：$S_1 = 6 \times 8$　　　$S_2 = (10-6) \times (8-5) \div 2$

　　　$= 48(cm^2)$　　　$= 6(cm^2)$

$S_总 = 48 + 6 = 54(cm^2)$

增补：

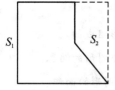

解：$S_1 = 10 \times 8$　　　　$S_2 = (8+5) \times (10-6) \div 2$

　　　$= 80(cm^2)$　　　　$= 26(cm^2)$

$S_总 = 80 - 26 = 54(cm^2)$

【案例分析】

一、对所呈现案例的分析

板书,简而言之是教师在黑板上演算或书写。它是教师课堂教学的一种手段,对教学任务的完成有重要作用。案例呈现的是五年级第一学期"求组合图形的面积"的第一教的板书,伴随着学生解决问题方法的交流研讨,教师将各种求组合图形的面积的方法的解题思路,通过图画示意式板书,形象、直观、准确地反映了出来,同时有意识地将解决问题的方法进行了梳理与分类。

二、案例给我们的问题思考

1. 小学数学课堂教学板书一般有哪些表现形式?
2. 板书设计有哪些策略?

【策略】

一、板书设计的要点

1. 板书设计的明确性。

任何一个好的板书,都应是为实现教学目标服务的。这也是板书设计的意义所在。设计板书时,首先应充分研读教材,使板书设计能凸显教学的重点与难点。

2. 板书设计的针对性。

不同的教学对象、不同的授课类型、不同的教学内容,对于板书设计都有一些特定的要求。板书设计应该根据课时的具体要求,从实际出发,因人制宜、因文制宜、因课制宜。

3. 板书设计的条理性。

教师在设计板书时,首先要真正理解教材编写的意图,理清教材呈现的教学内容的思路脉络。其次要整体性思考板书内容出现的先后、文字与符号的选用等。还要思考板书的呈现如何与教学活动的展开相配合。板书设计可促进学生对知识的理解与记忆,即"言断而意相通"。

4. 板书设计的概括性。

板书设计时应条理清晰,力求做到书之有度,以简驭繁。教师应该紧扣教材,可以挑选关键知识点进行板书设计,以便学生记忆;还可以提炼重要的学科思想与问题解决的方法进行板书设计,以提升学生的知识建构能力等。

5. 板书设计的灵活性。

在课堂教学实际过程中,常常会出现事先设计好的板书难以自然形成的现象。设计时,除了尽可能周全地设想出能够实现的板书方案外,还要适当地留有余地,主动地给学生留出"填补空白"的思维机会,调动学生的学习积极性。

二、板书设计的策略

1. 体现课时教学的重点、难点及教学内容各部分之间的关系,让学生了解所学知识点形成的网络、结构。

2. 体现课时教学的学习过程,发挥学生思维的能动性,促进学生形成准确概念。

3. 体现与课堂学习过程的同步性,讲解与板书、讲解与板画同步进行,边讲边写边画,促使学生用多种器官参加知觉过程,事半功倍。

4. 体现学科教学特有的审美价值,让课堂板书渗透出教师的学识、智慧和审美情趣,给学生以美的感受,从而激发学生的学习兴趣,凝集学生的学习注意力。

三、板书设计的几种主要形式

1. 总分式。这是总体设计与局部设计相结合的一种板书。这种板书要根据教学的需要,在总体性板书的基础上放大某一点,帮助学生了解知识的整体结构、掌握所学内容间的联系和区别,突出对重、难点的剖析与化解。

如：

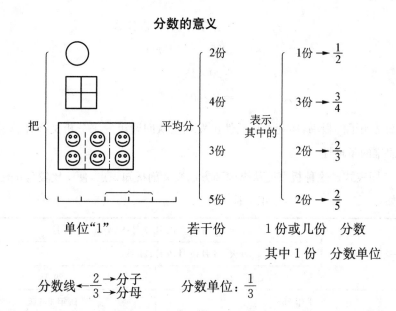

分数的意义

随着学习的步步深入,板书呈现出的是分数的本质特征。理清知识之间的头绪脉络,便于学生理解和掌握分数的概念与意义。

2. 分析式。此类板书以直观图形来表达思维过程,逻辑关系明确。多用于应用题或文字题。

如：

文字计算题

90 乘 90 加上 90 的和,积是多少?

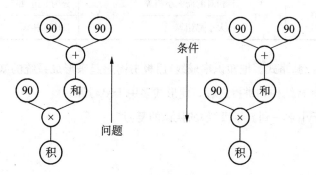

先求什么,再求什么

$$90 \times (90 + 90)$$
$$= 90 \times 180$$
$$= 16200$$

简洁明了的板书,体现了从条件出发或是从问题出发来分析文字计算题的结构,凸显思维的条理性。

3. 图表式。这种板书能从纵横两方面交叉剖析知识点,便于比较与记忆。

如:　　　　　　　年　月　日

一年12个月	大月	31 天　1 月;3 月;5 月;7 月;8 月;10 月;12 月	
	小月	30 天　4 月;6 月;9 月;11 月	
	2 月　28 天		29 天
平年 365 天			闰年 366 天

图表式板书,简洁明了,呈现关于年月日知识的要点,突出联系与区别,有利于学生分类识记。

4. 对比式。通过对照,找出异同,有利于分清知识的共性与个性。

如:

图形	顶点		面		棱
长方体	8 个	6 个	相对的面大小相等	12 条	分为 3 组,每组 4 条棱长度相等
正方体			大小都相等		长度都相等

5. 纲要式或脉络式。把知识串成线,用板书沟通起来形成系统的知识网络,板书过程直接体现教材结构和讲授过程。此形式多用于复习课。

例如:关于小学一到五年级"数的认识的复习"。

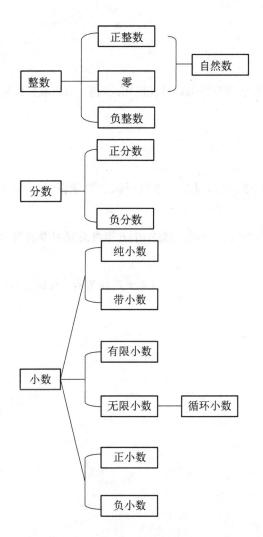

　　此板书以小学五年来学生认"数"的基本过程为线索,教学中一边引导学生自主回忆一边板书,由点到线,由线到面,织成一张知识的网。

　　上面仅仅列举了课堂板书的几种形式,当然还有其他形式。总之,板书的设计要兼顾科学性、整体性、概括性和美观性。精心设计的课堂板书,也是成功的教学不可或缺的一个组成部分。

【推荐阅读】

朱良才.小学数学课堂板书设计及应用.济南：山东教育出版社,1998.

【问题思考】

1.自选一个教学内容,设计一节新授课的教学板书,并依据板书简要说明教学思路。

2.自选一个数学学习领域,设计一个五年级总复习课的教学板书。

（本主题撰写者：杨浦区教师进修学院　陈　谨）

第三篇

课后评价

第三篇

怎样听课

听课是教师互相学习、切磋教艺、研究教学的重要措施。经常看到教师这样的听课场景，拿着听课笔记，将执教教师上课的教学全过程流水账似地记录下来，而对于"教师为什么设计这样的教学活动？"、"学生在这样的活动过程中有怎样的学习状态？"……听课者几乎不去思考与观察。这样的听课，显然很难达成促进自身教学水平不断提升的目标。

那么，应该怎样参与听课呢？听课犹如阅读一本活动的教育教学书，需要阅读者带着思想去读——"我"可能怎样设计？带着疑问去读——执教教师为什么设计这样的教学活动？读到精彩之处，还可能会与教师、学生产生课堂共鸣。

▶ 案例

校本研修听课记录表

授课教师		课程名称(课题)	
学科		班级	
听课时间		听课教师	
	教师活动		学生活动

115

续表

教学过程		
技术应用情况		
听课收获与改进设想		

【案例分析】

一、对呈现案例的分析

案例呈现的是一份校本化的听课记录。记录表中除了可以呈现一些基本的信息，还可对学生参与学习活动的情况进行记录、并写下教学的反思与评价以及对教学内容的再设计等。

二、案例给我们的问题思考

1. 听课的作用是什么？怎样有针对性地听课？
2. 怎样做听课笔记？

【听课的意义】

听课的过程，是教师在互动中获取经验、自我提高的过程，是教师的一项基本功，也是教师研究课堂教学、提高业务能力最有效的途径。

一、听课有利于促进教师，特别是青年教师的专业成长

青年教师，特别是新教师，要尽快了解课堂教学的基本要求，顺利开展教育教学活动，就需要参加培训和学习，而最有效、最直接、最经济的学习方式就是听课。通过听

课不但可以学习到别人的经验,吸取别人失败的教训,用别人的方法指导自己的教学,而且还可以对自己的教学进行反思和研究,将一些听课后得到的感性认识与自身关于教育教学的书本理论有机结合,促进自己的成长和提高。

二、听课有利于学校形成良好的学科研修氛围,促进教学改革深入有效地进行

不同的学校有各自的实际情况,即使在同一学校,教师的能力、风格、专长、实践经验等也有很大的差异。教师通过相互听课,可以感悟其他教师教学的个人风采,还可以反思自己的课堂教学;学校通过相互听课,可以实现团队研修、教学实践、反思提升的目标。

【策略】

一、有备而来——听课前的准备

在许多教研听课活动中,常常会看到这样的景象:有些教师匆匆忙忙进入教室,赶忙拿起学生的书本,浏览一下教学内容,甚至有的教师还不知道即将开始的听课的教学内容是什么。这样的听课只能是流于形式的,而不能作为提升教学水平的有效学习途径。如果要真正从听课中获得更大的收获,那么,可以从以下这些方面做准备:

1. 熟悉教材,了解这节课编者的意图,弄清新旧知识间的内在联系,熟知教学内容的重难点。

2. 明确这节课教学的目标,听课时只有明确了教学目标,才能看出教师教学的完成情况。

3. 通过一定的学习途径,看看其他教师已有的实践案例。

4. 依据自身对教材的钻研与理解,尝试设计一个课堂教学的初步方案(在听课时可以做些及时批注)。

5. 针对自身实践中的困惑或正在研究的教学专题,明确听课的侧重点。

二、观察思考——听课中的联动

课堂涉及的因素很多,主要包括学生、教师、课程和课堂文化,各因素之间又是相互联系、交错互动、浑然一体的。这也形成了多重的听课视角。

1. 学生学习维度。

主要关注学生怎么学、学得怎么样。

(1)学生对本节课教学内容的准备:可以是本节课学习过程中所需的诸如学具等物质的准备,还可以了解一下学生已有的认知经验的准备。

(2)学生的自主参与:观察学生在参与课堂教学的过程中呈现的主动性、积极性以及创造性,可以是学生的语言、解决问题时的表现以及参与学习过程时的情绪表现等。

(3)学习目标的达成:分析学生在课堂教学中得到了什么,有哪些收获,这些收获是通过怎样的途径获取的,以及将新知识纳入自己原有的知识体系中并融会贯通的能力。

2. 教师教学维度。

主要关注教师怎么教、效果怎么样。

(1)教学环节的设计与展开:课堂教学设计的关键是把握教材,就小学数学教材而言,就是要抓住教材的本质,理解教材所呈现的教学内容的知识点、生长点、重点、难点、关键点和延伸点。

(2)教学中的师生对话:从内容组织而言,应该根据不同学段学生特点,采取合适的教学策略;从结构要素而言,课堂教学过程中,应体现教与学活动同时展开且相互发生作用。

(3)教学指导与教学机智:善于追问,在精巧的点拨中引领小学生走进数学园地,主要表现在教师善于及时捕捉现场情境,引导学生思考、发现与质疑,体会、感悟解决问题的探究之乐。

3."课程性质"维度。

(1)关于教学目标的制订:制订课堂教学的目标的根据是什么? 是否适合该班学生的水平?

（2）关于教学内容的选择：怎样处理教材呈现的学习内容？怎样凸显本学科的特点、核心技能以及逻辑关系？选择的教学内容适合该班学生吗？

（3）关于教学策略的实施：教师采用了哪些教学方法？是否有效地达成课时教学目标？有没有关注学习方法的指导？

（4）关于教学评价的实施：主要采用怎样的方式了解课堂教学过程中的学生学习情况——即如何获取教学过程中的评价信息？对于相关的信息如何有效地予以反馈从而跟进教学？

（5）关于教学资源的利用：教师为学生预设了哪些资源？在教学过程中生成了哪些资源，教师怎样利用？教师是否向学生推荐了相关的课外资源？

4.“课堂文化”维度。

（1）思考：学习目标是否关注高层次思维能力的培养？教学是否由问题驱动？怎样指导学生开展独立思考？

（2）创新：教学设计、情境创设与资源利用有何新意？教学设计、课堂气氛是否有助于学生表达自己的奇思妙想？

（3）关爱：学习目标是否面向全体学生？是否关注不同学生的需求？

（4）民主：学生参与课堂教学活动的人数、时间怎样？课堂气氛怎样？师生行为如何？

（5）特质：即教师的语言风格、行为特点、思维品质等。学生对该教师教学特色的评价如何？

附：听课中应该重点关注以下几个方面。

（1）教学环节设计。即情境创设→新课的导入→新知的探究→新知的巩固、应用与拓展等。要控制各环节时间，完成每一环节的过程和环节间的过渡。听课时要思考：教师为什么这样安排课堂教学环节，大的环节内又是如何安排小的环节的；怎样使课堂结构符合本节课的教学目的、教材特点和学生实际；学生的质疑讨论、自主探究、合作交流、练习展示等与教师的引导、反馈评议、归纳小结是否做到合理安排、科学调配。

（2）重点突出，难点突破。即是否采用举例说明、引导比较、直观演示等手段；如何运用比较、分析、综合等逻辑思维方式帮助学生突破重点、难点,理解掌握新知。

（3）教学方法与学习方法。即教师是怎样在教学过程中与学生积极互动、共同发展的;如何创设学生主动参与的教学环境,激发学生的学习积极性,培养学生的学习能力;怎样培养学生学会观察、质疑与比较,学会分析、判断与推理,学会概括、归纳与小结,学会操作与演示,学会讨论、辩论与争论等。

（4）教学辅助手段的应用与板书设计。即教师如何把信息技术与学科教学整合,为学生的学习提供丰富多彩的教学情境,从而提高课堂教学实效;教师如何设计板书,板书是否做到详略得当,层次分明,脉络清晰,重点突出,提纲挈领。

（5）练习设计与知识拓展。即练习设计是否做到有针对性、层次性、拓展性,达到巩固新知、培养能力的目的。同时,要关注练习形式是否多样,是否应用所学知识解决日常生活实际问题,提高学生解决实际问题的能力。

三、捕捉记录——听课后的呈现

1. 听课记录的几种形式。

（1）实录式:尽可能地将课堂教学情况全面记录下来。这种记录方法,可以比较全面地反映课堂教学流程,但是这样的记录缺少听课者的自身思考。

（2）叙述式:以第三人称记录课堂场景。这种记录方法,主要反映课堂教学的主要环节,它可以提供值得讨论的问题,比较适合于课堂研究。

（3）分类系统式:主要指按教师与学生的情况分类记录,或按一定的要求分类记录。这种听课记录,比较有利于课后开展分类整理与研究。

（4）图表记录式:这种记录,主要用于实验课、室外课和技能课。

2. 听课记录过程的有效策略。

（1）"听":作为一名新教师,要以学习的态度来"听"课,做到"用心听、安心听、虚心听",这样就能"听出门道、听出味道"。

（2）"记":即边听边记、快速笔记。一般地,要记录教学主要过程、精彩对话、意外生成、练习设计、板书作业等。在边听边记的过程中,还可以写下自己的即时点评或自己对某个教学环节设计的一些瞬间的灵感。

听课记录是重要的教学研讨资料，是教学指导与评价的依据，它应该反映课堂教学的原貌，使听课者能依据听课记录，通过合理想像与弥补，在头脑中再现教学实况。研究思考的目的不同，指向不同，记录的方式就会有所不同。

3. 听课后的及时整理与反思。

（1）与自我的专业学习（储备）结合开展反思。

多学习相关的数学教育教学资料，可以开阔我们教学反思的思路，能帮助我们对实践中感到疑惑的现象作出解释。特别是要反思上课教师与自己的教学实践行为中哪些与特定的教学情境有关，哪些更有普遍意义，从而进一步认识教学过程中的优劣得失。

（2）与学生在课堂上的学习过程结合开展反思。

在教学中，我们常常把自己学习数学的经验作为选择教学方法的一个重要参照，但我们已有的数学学习经历还不足以给自己提供更多有价值、可反思的素材，那么我们可以想像自己以学生的身份参与一些探索性的活动，并有意识地对活动过程中的有关行为作出反思。

（3）与教学同伴之间交流结合开展反思。

作为一名新教师，可以和教学同伴一起共同设计教学活动、互相听课、做课后分析等，在这样宽松的研讨过程与氛围中，可以形成关于"教学问题"思考的共同语言，"一议一得"，甚至"几议一得"都是弥足珍贵的。

每个教师在长期教学活动中都可能形成自己独特的教学风格，不同的教师会有不同的教法。听课的老师就要善于进行比较、研究，准确地评价各种教学方法的长处和短处，并结合自己教学实际，吸收他人有益经验，改进自己的教学。在分析他人的课时，听课者还要注意分析执教者课外的功夫，看执教者的教学基本功和课前备课情况，这种思考对自己也会有很大帮助。

【推荐阅读】

陈瑶.课堂观察指导.北京:教育科学出版社,2002.

【问题思考】

选择自己所教年级教学内容中的一个问题,开展听课活动,并作一个听、评课的反思交流。

(本主题撰写者：杨浦区教师进修学院　陈　谨)

主题二

评课的视角

所谓评课，即评价课堂教学，是在听课活动结束之后的教学延伸，是指评课者对照课堂教学目标，对教师和学生在课堂教学中的活动以及由此所引起的变化进行价值的判断。评课是教学、教研工作过程中一项经常开展的活动，是加强教学常规管理、开展教育科研活动、深化课堂教学改革、促进学生发展、推进教师专业水平提高的重要手段。评课的类型很多，有同事之间互相学习、共同研讨的评课；有学校领导诊断、检查的评课；有上级专家鉴定或评判的评课等等。评课的目的不是为了证明，而是为了改进。新教师之间听课后的评课，属于互相学习、共同研讨的评课。

【案例与分析】

在当前新课程改革的背景下，客观、公正、科学地评价课堂教学，对探讨课堂教学规律、提高课堂教学效率、促进学生全面发展、促进教师专业成长、深化课程改革有着十分重要的意义。主要有以下几个方面：

（一）有利于促进教师转变教育思想，更新教育观念，确立课改新理念

▶ 案例一

教学内容：九年义务教育课本数学四年级第二学期"五舍六入"

小学数学的价值应该在于使学生理解生活，并解决生活实际问题，从执教教师执

教的"五舍六入"一课可看出,教师的教学设计立足于学生的知识与生活经验基础,从超市、医院的各种收费方式激发学生的探究欲望,引导学生展开探究,不仅使学生了解了求近似数有"四舍五入"、"五舍六入"、"进一法"、"去尾法"等各种方法,还引导学生通过对比精确值了解到"四舍五入"和"五舍六入"这两种方法对商家或消费者的有利之处。同时执教教师还放手给学生足够的时间和空间,让学生试验从"一舍二入"到"八舍九入"的各种方法,使学生在尝试中理解了"四舍五入"和"五舍六入"的合理性。最后教师又再回到生活实际,使学生了解生活中还存在与精确值一模一样的付费方式,如:刷信用卡、结转零头(水电煤账单),以及"四舍六入五成双"等,拓展了实际应用范围。整堂课信息量大,学生积极动脑,不仅收获知识,还积累了生活经验。

从评课中可看出,该执教教师已有一定的教学经验,能基于学生的生活与知识经验精心设计教案,从容展开教学,使学生在利用知识迁移和生活经验获得新知的同时,又积累了生活经验,提高了学习能力。

教育思想,通俗的说法,就是教育的观念、对教育的认识或对教育的主张。教育思想有层次之分:教育认识、教育观念、教育理念。教育理念是教育思想的最高境界,是一种思想,一种观念,一种理想,一种追求,一种信仰。所以,可以说,教育理念是一种理想化、信仰化了的教育观念。教师一定要确立自己的教育理念,它是教师的主心骨。先进的教育思想不仅是课堂教学的灵魂,也是评好课的前提。所以,评课者要评好课,首先必须研究教育思想。在评课中,评课者只有用先进的教育思想、超前的课改意识去分析、透视每一节课,才能对课的优劣作出客观、正确、科学的判断,才能给授课者以正确的指导,从而促进授课者转变教育思想,更新教育观念,揭示教育规律,促进学生发展。若用传统中陈旧的、僵化的教育思想去评课,不仅不能给授课者以帮助,反而可能会产生误导。

(二) 有利于帮助教师总结教学经验,形成教学风格,提高教学水平

▶ **案例二**

教学内容:九年义务教育课本数学四年级第二学期"小数与近似数"

小 F 老师经过对教材的研读,主动从带教老师处了解本课内容的前期知识,结合在校外(观摩市级研讨课)的听课学习和自己的思考设计了一份符合所教班级学生学情的有质量的教案。在教学引入部分,小 F 老师能给学生充足的时间交流想法,学生说理充分、辨析到位,不仅学好知识而且能灵活运用知识解决生活实际问题。在整个教学过程中,小 F 老师能细心倾听学生的交流,并给予必要的指导,使学生学得扎实、说得明白。最后的"数学日记"练习激发了学生的兴趣,使学生自主运用已有知识综合解决问题,提高了辨析能力。

建议:

1. 组织学生交流前要给学生时间先独立思考,有了想法再进行交流,这样既提供了每个学生思考的时间,又促使学生去独立思考,并提高交流的效率与质量。

2. 学生的学习兴趣比较高,课堂气氛比较活跃,但个别学生游离于教学活动外窃窃私语,教师需要练就"眼观六路、耳听八方"的本领,在调动学生学习积极性的同时,组织好课堂纪律,关注每个学生的学习状况与学习效果,提高教学效率。

3. 几个知识点的补充:第一,"凑整和近似数"的异同点的辨析;第二,用"四舍五入法"求近似数,先要判断尾数的最高位,再确定"舍"还是"入"。这是数学教师的基本功,需要加以思考。

小 F 还是一名大四学生,他跟着带教老师实习了一个多月,每天认真做好每一件事,努力练就教师的各项基本功,才实战了第三节教学实践课就让人刮目相看。教学设计有思考,课堂教学有效果,当然还存在一些欠缺。作为教育战线的一名新兵,相信小 F 老师在坚持不懈的努力下一定会有长足的发展空间。

同样一门学科,同样一节课,不同的教师表现出的教学风格则有所不同。有的教师会精雕细刻,把课上得天衣无缝;有的教师则大刀阔斧,紧紧抓住重点、难点,使疑难问题迎刃而解;有的教师善于归纳推理,用逻辑思维的魅力吸引学生;有的教师运用直观、形象、幽默的优势,使学生在课堂上轻松愉快,充满学习的乐趣。当然,我们还可以看到,同一个班的学生,面对不同的教师上课,有着不同的表现。学生精力的投入程度、浓厚兴趣的产生要看教师驾驭课堂的能力。这些事实告诉我们,评课者听课时要特别注意去发现和归纳授课者的教学经验和教学个性,注意挖掘其闪光点,对授课者所表现出来的独到的教学风格要大加鼓励和肯定,对其所表现出来的不足和问题要提出中肯的意见和建议,帮助其短期内改进,使执教者的教学个性由弱到强、由不成熟到成熟地不断发展,逐步形成自己特有的教学风格。

(三) 有利于信息的及时反馈、评价与调控,调动教师教育教学的积极性和主动性

▶ **案例三**

教学内容:九年义务教育课本数学四年级第二学期"折线统计图"

本堂课的教学内容是"折线统计图",G老师能结合中高团队的研究主题"小学生数学解决问题能力与生活经验交互提高的策略研究",精心设计教学流程与方法,结合学生生活经验与知识基础来展开教学。特别是练习阶段设计的各种折线统计图案例不仅能巩固新知,完善对折线统计图的认知,而且引起学生的思考,如:结合各年份国情对国际游人入境人数变化进行的思考,激发了学生的民族自豪感;对汽车数量增多、空气质量变差、轨道交通的发展变化的思考,增强了学生的环保意识等。

试教时课堂前25分钟的教学,G老师与学生配合默契,师生互动精彩,教师提问到位,学生思维敏捷,针对学生的交流,G老师能抓住要点进行恰当的追问,促使学生再思考、再发现,按时、有效地达成教学目标。但在自己的教学班进行研讨教学时,这样的精彩片段少之又少,反映出学生的思维水平、表达能力比较欠缺,虽然老师不断启发、引导,但学生还是不得要领,切入重点的能力不够,由此耽误了许多宝贵的教学时间。学生的培养重在日常每一堂课,需要细水长流地培养,才能水到渠成。

特别提醒:35分钟的课时规定,教师必须遵守,上50多分钟,实在是不可以的。与G老师共勉。

有些教师已有一定教龄,有一定的教学经验,对于公开教学也能进行有效的思考,但往往遭遇"预设与生成"不协调的矛盾,究其原因可能是日常教学中对学生的培养不够规范,例如,自己的教学语言不够规范,对学生的表达不够重视,只要学生说出大概意思即可,缺乏科学的引领。因此,每位教师必须重视日常每一天的教学,对学生全方位进行有的放矢、细水长流的培养,才能水到渠成。

通过评课,可以把教学活动的有关信息及时提供给教师,以便调节教师的教学工作,了解、掌握教学实施的效果,反省成功与失败的原因所在,激发教师的教学积极性、创造性,及时修正、调整和改进教学工作,使之始终目的明确、方向正确、方法得当、行之有效。评课的目的不是为了证明,而是为了改进,以有利于当前新课程的教学。它集管理调控、诊断指导、鉴定激励、沟通反馈及科研为一体,是研究课堂教学最直接、最具体、最有效的一种方法和手段。

(四) 搭建教师交流平台,构建和谐环境,求得共同提高

▶ **案例四**

教学内容:莫比乌斯圈

作为中学高级教师、市名师培养对象、区学科带头人、区兼职教研员、区中心组成员,笔者肩负着引领区域内学科教研发展的重任,也有承担组织区教研活动的义务和责任,因此近十年里一直领衔"中高合作团队工作坊",与团队教师一起研讨教学,经常策划、组织中高团队活动的展示与研讨。本次研究的主题是"与创智课堂同行——小学生数学解决问题能力与生活经验交互提高的策略研究"。研讨后老师们进行了如下现场交流。

团队成员杨教院实验小学陈老师:

这个教学内容很新鲜,我今天是第一次看到,第一次听到。首先,课堂内信息量非常大,边看边想边思考,还要想今天为什么要上这节课。我们的教学理念要转变,教学方法要转变,要关注学生态度、情感和信心,这大概是今天这节课的价值。学生在张老师的带领下,一步步完成了探索,在自主探索与合作中充分掌握了今天学习的知识和技能,从而获得数学经验。我觉得这是一个挑战。学生在整个学习过程中对数学知识有浓厚的兴趣,感受到了数学的魅力。不仅学生感兴趣,我们听课老师也很感兴趣。数学课上教给学生的知识重要,更重要的是教给学生对生活的好奇心,使解决生活问题的能力与解决数学问题的能力同时提高。

团队成员曹路打一小学田老师:

今天我是作为一名学生在参与学习。张老师在指导时,我也跟着一起做标记:剪一剪,摸一摸。今天真正体验到了探究的过程。探究到最后时发现,自己设计时,我们

一边做标记一边找规律,一开始猜测和后面验证的过程是不一样的。张老师还出示了很多实际运用的例子,让学生联系了生活,很有意义。

团队成员公办打一小学张老师:

张老师这节课的选题,一般我们都会觉得很新鲜的。可以整合到数学拓展课上。特别是莫比乌斯圈与生活中的建筑融合在一起时,就是一种基础科学。张老师选了这样一个课题,是为了促使学生今后更好地投入到学习中。在整个课堂中,老师们也跟着一起研究莫比乌斯圈,我发现小朋友在下面窃窃私语,在思考了。孩子们通过自己的实践来验证自己的猜测,推演到了规律的应用。还有一种猜测:绕一圈?绕两圈?绕三圈?整堂课中,老师给孩子们的是一种数学思想,是一种能力。先想到问题,再猜测结果,再实验,再验证,再猜测……老师提问:你们设计的目的是什么?做任何事情都是带着一种目的,而不是天马行空。我们为什么要设计环保标志?那就是环保再利用。这种数学素养是终身受益的。

团队成员公办打一小学刘老师:

莫比乌斯圈对老师来说是新奇的,对学生来说是陌生的。第一个环节是做,第二个环节是摸,学生在动手探究中感受到了莫比乌斯圈的魅力。张老师在学生探究的环节中,要求先想一想,再动手验证,激发了学生探究的潜能。这节课对我的帮助很大,我也跟着一起剪、一起做。

团队成员同济小学戚老师:

听了张老师的课,给我最大的感受就是感动。首先是感动于张老师的敢于选题,这个内容不是沪教版教材中的,更不会在考纲之内,可张老师从学生的角度出发,选择了这个数学活动课的内容。莫比乌斯圈,对于学生以及大部分听课老师来说都是一个未知的领域,我和学生一样,在张老师的引导下一步步去探索这个神奇的圈,整堂课,学生通过一次次的观察、猜测、验证,培养了勇于猜测、操作求证的精神,激发了学生学习数学的热情。神奇的莫比乌斯圈,牢牢地吸引了师生们的注意力,唯一遗憾的是课时太短,探究没有办法继续下去,大家都觉得意犹未尽……

公办打一小学王老师:

“莫比乌斯圈”一课不同于一般的课,这个内容是一个较为特殊的内容。就本节课的教学来说,有三点感受。一是,这是一个很值得"探究"的问题,也是适合探究的学习内容。我们在平时上课过程中也经常组织学生对学习知识开展基于"猜想—验证"这一数学思想方法的探究活动,但很多时候,学生的所谓"猜想"不是真正的猜想,有些学生都已经知道答案了或者具备相应的知识基础,所以每次"猜想"都会成功,很少有看到猜想不成功的。但对于莫比乌斯圈来说,不要说是学生,包括老师在内,都难以猜想到正确的结果——这才是真正意义上的"猜想",纯粹地在"猜",但这种"猜"也是基于已有生活经验与知识经验上的猜想。因为没有办法通过逻辑推理或者其他方法对猜想结果的正确与否作出判断,所以学生"被迫"动手操作,进行验证。这让学生能够更为深刻地体会"猜想—验证"这一数学思想方法的价值。二是,这是一节"好玩"的课。数学课堂给人的感觉很多时候都是计算、推理,或者是做题目、做训练等等。很多学生开始渐渐不喜欢数学了,感觉数学"不好玩"。这节课,学生积极参与,因为太好玩了;听课的老师也是积极参与,也是因为这个太好玩了。快乐地学习数学一直是我们的追求,这种快乐有不同的层次,但"好玩"肯定是其中的一种。三是,这是一节"美丽"的数学课,最后大家放下剪刀以后才发现,这个莫比乌斯圈真的很美丽,很多有创意、有特色的建筑设计都用到这个莫比乌斯圈或者受它的启发。

笔者一直希望自己的教学"能让不同能力层次的学生在每一天的学习中都能有自己的收获",也一直在思索并实践着如何将教学进行得更完善,让每一个孩子都在课堂上得到发展。相信今天的教研使师生都收获了很多,分享了很多。希望孩子们能回家和父母把研究继续下去,希望老师们在学生成长中体味师者乐趣,在走向专业中找到知音幸福,在丰富自我中感受人生厚度!只有教师体验和享受幸福,才能把对人生的积极感受化为"正能量"传递给学生,让每一个孩子也都成为热爱生命、热爱生活、创造美好的人。

评课是校本教研、自我反思、同伴互助、领导引领最有效的模式。评课为不同教学群体各抒己见以增进彼此了解创造了机会,为教师交流切磋搭建了平台。同事之间可以相互学习、相互促进,管理者可及时获得有关教与学的准确信息,判断教学过程是否有效;好的地方得以强化,缺点和不足得以及时纠正,使课堂教学管理有的放矢,达到全面提高教学管理质量的目的。所以,从广泛的意义上讲,评课活动具有协调角色、沟通意见、融洽情感的功能,同时,也可促进领导与教师之间、校际或校内教师之间的了解,提高评课者自身的认识,从而推动教育教学工作健康、和谐地发展。

【评课的问题与困惑】

1. 怎样减少评课的主观性,使评课更科学?
2. 怎样正确判断学生是否真正动了起来?

【策略】

1. 评课要坚持"以学生的发展为本",从学生全面发展的需要出发。
2. 评课要从有利于对教学的诊断和正确的导向出发。
3. 评课要坚持评教与评学相结合,把评课的重点放在"评学"上面。
4. 评课要提倡创新,培育个性。
5. 评课要从实际出发,从观察到的、感受到的、测量到的情况出发,不能想当然。

【推荐阅读】

张文质,陈海滨. 今天我们应怎样评课. 重庆:西南师范大学出版社,2011.

【问题思考】

请认真听你的导师或带教老师的一堂教学课,结合本章内容撰写一篇字数不少于300字的评课体会。

(本主题撰写者:打虎山路第一小学　张　丽)

主题三

评课的呈现

评课是一种说服的艺术,目的是在和谐的氛围里谋发展,求提高。要达到这个目的,评课时要讲究策略,评课教师要充分尊重授课教师。课后,应该让授课教师说明自己的设计和课后感,允许授课教师对授课进行解释、说明,甚至是争辩,允许授课教师和评课教师保留自己的观点和意见,不搞举手表决。只有这样以诚待人、以理服人,才能让人心悦诚服。评课不能走过场、敷衍了事,不能只讲优点,不讲缺点。要用一分为二的观点辩证地去分析问题,优点要讲够,缺点要点透。要以科学理论为依据,不带半点偏见,恰如其分地进行评价。要注意区分对象,对不同的对象采用不同的方法方式,注意说话的语气和说话的态度。对较年轻和心理承受能力强的,特别是积极追求上进的老师可以直接一些、具体一些。对年老和心理承受能力弱的老师可以含蓄一些、婉转一些。

【案例与分析】

评课,是在听课活动结束之后,对上课教师的课堂教学得失、成败进行评议的一种活动。评课时应该把握一些方法技巧,要抓主要矛盾。一节好课,也不可能尽善尽美。评课中,更不可能面面俱到。因此,应根据授课教师探讨的主题和课型,根据听课的目的和要解决的主要问题,抓住课堂教学中的主要问题进行评论。如这节课的目的是探讨如何在课堂教学中培养学生分析问题和解决问题的能力,评课时就应该把重点放在培养学生分析问题和解决问题能力的成功经验和存在的问题上，其他方面只作为次要问题略提即可，切不可冲淡中心。

▶ **案例**   "张丽老师中高合作团队工作坊"研讨活动

一、研讨主题：以学定教，点燃智慧课堂——有效操作探究，拓展思维智慧的课堂。

二、研讨内容：

1. 观课：张丽老师执教五年级的"平行四边形——动手做"教学研讨课。

2. 现场研讨。

三、研讨话题：

1. 思考：教师如何根据学情合理安排教学内容与教学方式？

2. 关注：学生的操作探究、学习智慧如何得以体现与激发？

3. 发现：哪些教学环节使不同能力层次的学生得到不同的发展空间？

四、研讨过程：

1. 张丽老师交流教学设计意图如下。

本课的教学设计力图体现"以学定教"的教学理念，体现知识的迁移规律的运用，对学生的已有知识基础、教材教学内容等学习资源进行挖掘与组合，使学生在问题情境中，通过具体操作、自主探索、同伴合作等学习活动体验知识获得的过程，从而发现三角形、平行四边形的特性，初步建立新的认知结构。在学习活动中，学生的思维能力得以拓展、智慧空间得以提升。教学过程主要分为操作、探究、理解三个模块。

模块一：动手操作、初步感知

操作一：组织学生进行把一张平行四边形纸片沿其中一条对角线剪开的操作活动，通过观察、比较、叠合来再次验证平行四边形对边及对角的关系，并发现对角线能把平行四边形分成两个完全相同的三角形，这也是学生今后推导"三角形面积"计算的方法之一。

操作二：组织学生看一组自行车、升降机、电动门等的照片，引起学生的疑问："为什么有的物体里有三角形,而有的物体里有平行四边形?"使学生带着问题进行拼搭三角形、平行四边形框架的操作活动。学生经过独立操作、观察比较、问题思考、反馈交流等活动,初步感知:三角形三条边的长度确定了,它的形状、大小也就完全确定了;平行四边形四条边的长度确定了,它的形状、大小还不能完全确定。

模块二:自主探究、构建新知

探究一:平行四边形、长方形、正方形的关系。提出问题引起学生思考:我们搭的是否都是平行四边形,依据是什么? 是否有特殊情况,特殊在哪里?

学生经过独立思考、小组交流,探究出所搭框架无论怎样拉动都是平行四边形,因为它们边的长度已确定,对边一定平行。虽然所搭的都是平行四边形,但变形到一组邻边互相垂直时就变成了长方形,长方形具备平行四边形的对边平行且相等、对角相等的特征,是特殊的平行四边形,特殊在四个角都是直角。从而理解了平行四边形、长方形以及正方形之间的包含关系。

探究二:四条边长度确定的平行四边形的面积变化情况。再次提出问题引起学生思考:平行四边形的四条边长度确定后,大小(面积)为何不能完全确定,面积怎么变化呢? 什么时候最大? 什么时候变小?

学生又一次经过独立思考、小组交流,探究出:四条边长度确定后的平行四边形框架,变形成长方形时面积最大,向左右拉动的角度越大面积越小。

由此,学生通过充分的动手操作与合作交流,验证对三角形、平行四边形特性的猜测,整理平行四边形、长方形、正方形三者之间的包含关系,从而突破教学难点。同时学生动脑思考、动口表述、梳理知识的能力得到了提高,大胆猜测、合理推理、科学验证的良好数学学习品质获得了培养。

模块三:结合实例、加深理解

为使学生对三角形、平行四边形的特性的实际使用价值获得感性、直观的了解,就通过课件分析、学生举例,结合生活实例来了解其在生活中的运用,借此使学生继续了解"生活中处处有数学",并激发学生学习的潜能和兴趣,并感悟:学习要善于发现、勇于探究、勤于动脑,敢于创新,只有把学到的本领加以运用,让它为我们的学习、生活、工作服务,学习价值才能获得更大的体现。

2. 现场评课研讨。

团队成员公办打一小学张老师：

我觉得张老师给我们演绎了一堂智慧的数学课,她以优雅的教态、精心设计的教学内容,征服了所有的孩子和我。整堂课学生十分认真、仔细地从动手实践中自主探索平行四边形的奥秘。一节可能简单、乏味的几何概念课在张老师和学生的互动中变得有声有色,引人入胜。张老师还调整了教材的教学内容,在前期教学中先使学生学会寻找平行四边形的底和高及面积计算,为今天探究改变平行四边形的高度是否会使面积发生变化做了知识准备,这犹如给学生一把钥匙让他们主动去打开知识的大门。如果仅按教材的编排进行教学,恐怕学生只能知其然而不知其所以然,不能用更合理的方法解释为什么高度改变了平行四边形的面积也会改变。课堂中学生通过动手剪、拼等各种方法,在张老师的引导下展示了他们的智慧与能力,这与张老师精心设计、合理引导是密不可分的。我觉得张老师充分了解学生的学情,以学生的认知基础展开教学的思想是我们应该学习的。

公办打一小学浦老师：

是的,张老师根据教学的需求调整了教学内容。很欣赏张老师说的这句话:既然学了,就要在考虑学生年龄特点的基础上,想办法让学生学得明明白白,不能一知半解。在课堂中,张老师安排了动手操作活动,我觉得本节课的一个亮点是让学生拉动平行四边形框架,在拉的每一瞬间,思考这个框架是不是一直是平行四边形,有没有特殊的情况,特殊在哪里。学生通过实际的操作活动,学习能力强的学生能发现在拉动平行四边形框架时,它的高在不断变化,所以面积也在不断变化。同时当平行四边形的高与底互相垂直时,平行四边形就变成了长方形。学生不仅发现长方形是特殊的平行四边形,而且发现这时它的面积是最大的,从而引出正方形、长方形、平行四边形这三者之间的包含关系。相信这个环节的操作探究,使这部分知识在学生脑海中留下了深刻的记忆,更使不同能力层次的学生得到了不同的发展空间。

公办打一小学丁老师：

我认为张老师的这节课是让学生通过动手操作知道三角形和平行四边形的特性,在平行四边形的四边确定的情况下,它的面积与其拉伸程度,即邻边的夹角大小有关系。这样的动手操作有利于学生了解平行四边形和长方形的包含关系。我认为课前对平行四边形认识的复习是很有必要的，正是因为对平行四边形对边相等的知识的再现，学生在用细卡纸拼搭平行四边形框架时没有出现把相等的两条边作为邻边的情况。同时张老师的语言很到位，如要求学生画对角线时，有学生说连接对角，教师及时进行了更正与指导："连接的是对角的'顶点'。"正是因为张老师一贯重视在日常教学中及时对学生进行规范用语的指导，因此她的学生总是那么能言善辩，而且语言规范、表述清晰。

公办打一小学杜老师：

我认为张老师不仅考虑学生的认知水平，而且注重对学生学法的指导，本节课张老师将"转化"思想进行了有效的渗透。让学生学会用已有知识解决新问题，找准知识的生长点是张老师的教学特色。课上张老师充分鼓励学生动脑思考、动手操作、动口表述，给予学生充分探究的时间和空间，使学生通过思考"平行四边形转化成长方形后，什么变了？什么没变？长方形的长与平行四边形的底有什么关系？长方形的宽与平行四边形的高有什么关系？"等问题，初步感知"转化"的思想方法，发展空间观念，提高分析问题、解决问题的能力。此外，启迪和发展了学生思维，将知识发生、发展过程与学生学习知识的心理活动统一起来。学生动脑思考、动口表述、梳理知识的能力得到了提高，大胆猜测、合理推理、科学验证的良好学习品质获得了培养。这些可能比掌握某个具体的知识更有价值吧！

公办打一小学张老师：

我觉得张老师的这节课体现了"以学定教，点燃智慧课堂"的理念。首先她根据学情合理安排教学内容与教学方式，通过复习并结合生活实例引出要研究的三角形和平行四边形的特性，再拓展到研究平行四边形和长方形、正方形的关系，最后又回到生活，让学生用所学知识解释生活问题，加深对平行四边形特性的理解。整节课以操作活动为主线，让学生自主进行探究，从而理解三角形和平行四边形的特征。同时在课堂上张老师关注学生的操作探究，让学生的学习智慧得到了体现与激发。从动手剪、动手拼，再到拉一拉，学生在愉快的动手操作过程中，自主探究了数学知识，享受了操作学习带来的乐趣。我也觉得最有亮点的是让学生通过动手拉一拉，体会平行四边形易变形的特性,同时还将平行四边形和长方形、正方形的关系进行探究。通过这一次的操作,让一些能力弱的学生也能理解这三者之间的关系。最后张老师又通过媒体演示抛出问题,让学生体会随着平行四边形的边框的拉动,高会发生变化,面积也会发生变化,这又给能力强的学生提供了继续思考的机会,让不同层次的学生得到了不同的发展空间。

公办打一小学戴老师:

本课是通过学生的动手实践,对三角形、平行四边形的相关概念的再认识。首先看张老师对教材的处理,原来面积教学在这节课内容后,但张老师把它提前了。我觉得这样的调整更有利于学生对平行四边形在变形过程中"什么变了,什么不变"有更好的了解。平行四边形在变形过程中,四条边的长短是不变的,也就是周长不变;当确定某条边为底以后,变化的是高度,教材中是用大小变化表述的,如果先教面积的话,学生就会用面积发生变化进行表述。再看张老师对自己研究主题的实践——以学定教,点燃学生智慧火花。教师是从学生实际出发,设计适合自己班级学生学情的教学方法的。张老师说课也提到自己班的学生能力还比较弱,所以她一直慢声细语地与学生交流,慢慢引导学生注意,引发学生思考。过急过火,都可能会伤害到学生,往往会欲速则不达。我认为张老师的教育思想在教学行为中得到了很好的诠释。

公办打一小学王老师:

我同意戴老师的观点,张老师心中有学生,从学生的角度思考他们的实际情况。本课时教学的知识点,需要通过具体操作实践才能让学生真正掌握,基于这一点,张老师整节课以操作为主线,为学生提供了合理、有效、便于操作的学具,让学生在自主操作中探究和掌握知识,并逐步构建相应的知识体系。张老师根据教学需求,合理调整教材,把平行四边形面积的相关知识提前教学,体现了教师深厚的学科素养。从整堂课来说,学生的表现无疑是有差异的,但教师所提供的舞台是让各层次的孩子都有了发展的机会和空间,尊重孩子的想法,让孩子充分地发表自己的意见,一些思维活跃、善于表达想法的孩子,不仅得到了尊重和肯定,而且他们的想法也启迪了同学,整体的发展是不言而喻的。在掌握课堂知识的基础上,最后一题的设计,又能让对数学感兴趣、有潜力的孩子再次获得提高的机会。所以,张老师的课堂真正体现了每个孩子都有收获,每个孩子都在快乐地学习。

民办打一小学方老师:

我还发现张老师的提问很有艺术性,她不是急着把一个大问题抛下去,而是考虑到学生的实际能力,逐步递进,一步一步地问,比如在研究平行四边形的情境中,张老师先让学生画一条对角线,画好后再让他们剪开,剪开后再问:"你有什么发现?"这样层层递进,而不是让学生随意发挥,起到了很好的主导作用。在研究平行四边形的形状是否完全确定时,让学生在操作前先进行猜测,以激发学生的好奇心。当学生发现操作结果与猜测不同时,学生的好奇心和求知欲又再次被激发,一个个为什么又引起了学生的思考。接着张老师又提问"拉动框架的每个瞬间是不是一直是平行四边形?为什么?"来组织学生带着问题进行操作,学生在操作时会带着好奇心,并提高观察力,使这个操作活动更具有效性。由此学生的操作探究、学习智慧不断得到体现与激发。

曹路打一小学叶老师:

我同意老师们的观点,同时我还特别欣赏张老师的板书设计,我觉得板书设计能体现教师的教学功底。张老师的板书清晰地表明了三角形与平行四边形在边的长度确定后,形状和大小的异同点,以及平行四边形、长方形、正方形三者的包含关系。张老师还在黑板上留给学生作品展示区,这不仅有利于学生的交流,更是对学生学习的充分尊重,值得我们学习。

曹路打一小学徐老师:

我刚刚做老师才几个月,今天听了张老师的课,印象最深的就是学生动手操作的过程,这能让不同层次的学生得到不同的学习体会。在课堂上学生根据教师提出的问题进行探索和动手实践,探索和求知欲望被大大激发了,比如在让学生拼好平行四边形的时候,提出"拉动平行四边形框架是否会改变平行四边形的面积呢?"部分学生认为"会",但是仍然有部分学生说"不会",因此这就激发了学生的探求欲,希望通过亲身实践来验证。在动手操作的过程中,学生会产生很多"奇思妙想",也会得到不同的体验和感悟,这就让不同层次的学生得到了不同的发展,或许理解力强、思考力强的学生得到的体验或者收获很高,还有些学生也许得到的学习情况不尽人意,但是这些知识都是通过学生亲手操作获得的,对他们的理解、记忆和思考更有帮助。这节课让我体会到学生才是课堂教学的主人,让学生多说、多想、多参与到教学实践活动中,这或许是我目前教学过程中所需要注意和加强的方面。

团队领衔人张老师:

我想作为教师,在日常教学中一定要养成对教材进行深层解读的习惯,需要对学生多一些了解,站在学生的角度思考问题,需要基于自己教学班学生的思维能力来适调基准教案。这要求教师不仅要读懂教材,更要用好教材,要因材施教,针对学生的学习能力设计教学流程,要勇于对教材进行二度开发与整合。在课堂教学中要兼顾不同学习能力学生的学习情况,激发每个学生的学习智慧,使每个学生在课堂学习中有不同的收获。使学生的观察、归纳、表达、思维等各种能力不断得到发展并达到一定的高度,这将是教师日常教学的追求与收获。

【评课的问题与困惑】

1. 怎样以不同的角色进行听课和评课?
2. 用什么样的语言评课,既能说出不足,又不伤害授课教师的自尊心?

【策略】

1. 评教学目标:教学目标是教学的出发点和归宿,它的正确制订和达成,是衡量课好坏的主要尺度,所以分析课首先要分析教学目标。

2. 评处理教材:教材内容规定着教什么和学什么的问题,恰当地选择和处理教材内容是实现教学目标的重要保证。

3. 评教学程序:教学目标要在教学程序中完成,教学目标能不能实现要看教师教学程序的设计和运作,所以评课就必须要对教学程序作出评析,要看教学思路设计与课堂结构安排是否合理有效。

4. 评教学方法和手段:评析教师教学方法、教学手段的选择和运用是评课的又一重要内容。教学方法是指教师在教学过程中为完成教学目的、任务而采取的活动方式的总称。但它不是教师孤立的单一活动方式,它包括教师教学活动方式,还包括学生在教师指导下"学"的方式,是"教"的方法与"学"的方法的统一。

5.评教师教学基本功:教学基本功是教师上好课的一个重要方面,教师的教学基本功包括板书、教态、语言、解题、操作等。

【推荐阅读】

请百度搜索"小学数学课堂精彩常用语",自行查询阅读.

【问题思考】

请参与学校教研组专题教学研讨活动,结合研讨主题撰写一篇字数不少于 300 字的评课体会。

(本主题撰写者:打虎山路第一小学 张 丽)

主题四

作业的设计

数学作业作为课堂教学的延伸、学生学习内容的巩固和反馈的重要手段,其重要作用是毋庸置疑的,然而传统的单一书面作业形式,已远远满足不了学生个性发展的需要和各种能力的提高和培养。同时在大力倡导自主、探究、合作的今天,除了巩固必要的基础知识,我们还应加强学生思维能力、收集处理信息的能力、解决问题的能力等综合能力的训练,让孩子在作业中找到学习的乐趣,感受成功的喜悦,变厌学为乐学。

【案例】

作业内容:一年级寒假作业。

活动1:和家长一起制订一张寒假作息制度表,培养良好的学习、生活习惯,同时初步认识钟面时刻。(注:时间都写几点和几点半,完成情况自评和家长评价只需口头完成,家长评价可逐项评也可总评。)

活动目的:

(1) 帮助学生养成有规律的学习、生活习惯。

(2) 认识几点和几点半,学习看钟面上的时间,为下学期的学习作准备。

以下是一(1)班缪嘉迪小朋友的完成情况:

寒假作息安排		姓名 缪嘉迪	
时间	学习、生活活动内容	完成情况	家长评价
上午 8:00	起床、洗漱	√	
8:30	早餐	√	
9:00	做寒假作业	√	
10:00	户外锻炼、游玩	√	
11:00	看电视	√	
11:30	午饭	√	
12:00	休息	√	小迪的这个寒假过得很有规律,这得归功于这张"寒假作息安排"。小迪不仅自己设计了这张表,还坚持按着规定去过寒假生活,我发现她长大了!
下午 1:30	看课外书	√	
2:30	研究自己喜欢的东西	√	
3:30	做家务	√	
4:00	看电视	√	
4:30	自由活动	√	
6:00	晚餐	√	
6:30	看新闻	√	
7:00	和爸爸妈妈进行亲子活动	√	
8:00	洗漱、准备就寝	√	
9:00	睡觉	√	

活动 2: 去超市购买学习用品,初步认识人民币,并完成以下购物清单。

商品名	单价	数量	总价
铅笔	1 元	6 支	6 元
写字本	1 元	5 本	5 元
动画书	19 元 5 角	1 本	19 元 5 角
教辅书	10 元	2 本	20 元
合计		50 元 5 角	

我付出:

票面	100元	50元	20元	10元	5元	1元	5角	1角
张数		1		1				
付款总数				60元				

营业员找回：

票面	100元	50元	20元	10元	5元	1元	5角	1角
张数					1	4	1	
找钱总数				9元5角				

活动目的：

（1）经历买卖东西的过程，知道生活中处处有数学。

（2）认识8种人民币，学习使用人民币，为下学期的学习作准备。

人人学有用的数学，是课程改革所提倡的，也是我们经常谈及的问题。然而，学习和体验数学学习的意义和价值，联系生活理解并掌握数学知识，这并不是数学教学的最终目标。数学教学目标是让学生能应用所学知识，解决日常生活中的问题，使数学真正为我们的生活服务，从而体现数学的意义与价值。因此，为了提高学生"用"的能力、延伸数学课堂，在布置一年级的寒假作业时，我们让学生在家长的帮助下制定"作息时间"，除了帮助学生养成有规律的学习、生活习惯外，还可以初步认识"钟面"，体会钟表在我们生活中的用处。同时，通过开学前自己购买喜欢的文具，初步认识人民币以及它的应用价值。通过以上作业，学生感到数学就在身边，他们完成这类拓展实践作业的同时，也感受到了数学学习的乐趣和价值。

【对呈现案例的问题思考】

《数学课程标准》指出"学生的数学学习内容应当是现实的、有意义的、富有挑战性的"。而平日那种周而复始、形式单一的作业已使学生成为一个"机械工"，学生的好奇心、求知欲、创造性受到压制。为此，作为一线教师，在不断改革课堂教学的同时，还要改变原有的作业观,认识到作业也应顺应课改要求,展现出全新的形态。这就要求教师能用新课标理念指导作业改革,从注重人的未来发展、个性发展和全面发展的角度去考虑,来提升数学作业的设计理念,认识到作业不仅是做习题,而且要做与习题有关的数学活动,让学生通过自己的亲身体验、感悟,在过程中去探索、去创造。使作业成为学生了解生活、了解社会和了解科学的载体,使作业成为学生开发潜能、体现个性和培养能力的场所,作业才能真正发挥最佳效果。

因此,为了寻求小学数学作业设计的新突破,结合小学生的年龄特点和兴趣爱好,我们应该开展小学数学作业多元化的设计与应用的实践研究。旨在在理论层面上,通过对多元化作业设计的性质、类型和方法的应用研究,构建多元化的作业模式,为学生提供更加合理、适用的作业形式和内容;在实践层面上,通过对作业设计的探索尝试,让学生喜欢做数学作业,变"被动做"为"乐于做",培养学生主动学习和自主学习的兴趣,提高学生的创新意识和实践能力。

【策略】

在多元化作业的研究与实践过程中,我们可以根据不同年级的教材内容和班级学生实际情况进行符合新课程理念的作业设计研究,通过问卷、座谈、调研等多种形式对学生、家长、教师进行调查,并收集典型材料,对各种材料进行总结、整理、分析。即在新课堂观下,与之匹配的新作业观应是开放和多元的,即以多元的作业内容和功能定位,促进学生知识的整体优化。那么多元化作业设计如何切入呢?

一、作业内容设计的多元化

1. 调查性作业——丰富学生视角。

众所周知,现实世界是数学的丰富源泉,小学生学习的数学是生活中的数学,是学生"自己的数学"。但生活中有许多学生喜闻乐见的生活实例却未能被及时编入教材中,如:我们教小朋友认识了"××东西重××千克(克)",而质量单位在现实生活中的运用不是单一的,学生在接受书本知识的同时,又不断受到丰富多彩的现实世界的影响。不少课本中没出现，课堂上未接触，生活中却又普遍存在的现实问题，如"净重"、"桥的承重量"等，常常会成为他们学习、生活中新的困惑和难题。关注并帮助他们解决这些困惑和难题，是对书本知识的一种印证和补充。

因此在设计"吨、千克和克"的教学时，课前我布置了一个预习作业：请通过上网、上图书馆等各种途径了解有关质量单位的知识。目的在于：

（1）让学生对质量单位的认识有一个自主了解的过程。

（2）在观察和探究中了解有关质量单位的知识及在生活中的广泛运用，并带着对一些书本外的其他质量单位的了解走进课堂。

（3）学会对相关信息的收集、分析和判断，初步培养处理信息的能力。

上课时，学生所学习的部分素材是由学生自己提供的，且学生对这些素材进行了合理的解释。例如，学生做出如下解释：物品的净重是物品去掉外包装后的质量，桥的承重量是一座桥梁能够承受的质量。甚至我的学生还让我这个老师对宝石的单位——克拉，有了更深一层的认识，克拉作为质量单位，起源于欧洲地中海边的一种稻子豆，由于这种植物有一个奇特的现象，无论长在何处，它所结的果仁，每一颗质量均一致，因此在历史上这种果实就被用来作为测定质量的砝码，久而久之便成了一种质量单位，用它来称贵重和细微的物质。

学生收集的知识都是他们自己通过预习探索活动而获得的，对于老师来说，仅仅是做了一回策划者、组织者，创设了一个让每一位孩子都很乐于参加活动的情境而已，而对孩子们来说，不仅拓宽了他们的知识面，丰富了他们的视角，培养了他们主动学习、勇于探索、研究和解决问题的能力，而且还加强了课内外知识的联系与发展。

2. 探索性作业——活跃学生思维。

学生完成数学作业也是一种数学学习活动，而有效的数学学习活动不是单纯地依赖模仿与记忆，而是学生的动手实践、自主探索与合作交流，这样学生对数学知识、技能和数学思想才能真正理解和掌握，才能获得广泛的数学活动经验。为此，在作业设计时，要根据教学内容以及学生已具有的数学活动经验，设计一些以学生主动探索、实验、思考与合作为主的探索性作业，使学生在数学活动中成为一个问题的探索者。

教学体积单位时,我引导学生通过常用的长度单位、面积单位,推想出常用的体积单位有立方厘米、立方分米、立方米、立方千米后,由于之前教学面积单位时,我曾请学生制作过1平方厘米和1平方分米的学具,所以我问了孩子们一个问题:"你们觉得制作哪个单位体积的学具会比较容易?"大多数学生在思考后,觉得制作1立方厘米和1立方分米的正方体模型较为容易,但也有学生持不同意见,觉得可以制作1立方毫米和1立方千米的学具,虽然有学生哄堂大笑,但其中一位学生还是做了一个1立方毫米的学具,只是还没给我看仔细,那个小学具就被他吹到地上找不到了。小朋友在笑声中,在充分体验、充分感受的过程中体会到了1立方毫米的大小。

对于那个想制作1立方千米学具的学生,马上就有学生提出意见:"你能找到一平方千米这么大的纸吗?""干脆就挖土吧?但你要挖一个占地面积为1平方千米、深度为1千米的坑要挖到猴年马月啊?""不知道秦始皇地宫有没有1平方千米?"听到这里,我马上想到,何不让学生回家上网查一查,秦始皇地宫的体积有没有1立方千米呢?当我把这个提议说出以后,小朋友们纷纷响应。第二天就有学生告诉我:"秦始皇陵是世界上体积最大的陵墓,秦始皇陵位于临潼县,陵墓长515米,宽485米,高55.05米,犹如巨大金字塔。如果将这些土挖出来还没有1立方千米。"显然学生在查找资料的过程中,还探究发现了体积计算的方法。

通过此节课的教学,我深刻地体会到让学生合理利用身边的资源、动手实践、自主探索,可以激励学生真正投入到对知识的探索中去,从而使学生的自主意识、探索意识、合作意识、创新意识得到增强。

3. 拓展性作业——延伸数学课堂。

这类作业主要来源于例题之后的"你知道吗",这些材料中,有介绍数学知识方面的内容,有介绍社会常识、生活常识、自然知识方面的内容,有数学史话,或专门介绍某个领域、某个方面的发展过程的内容等。但在教材上一般介绍得比较简单,因此,可抓住这块内容进一步研究。可以结合学生已有的认知程度,让学生通过操作、游戏、探究、比赛、合作等丰富多彩的数学拓展活动,通过上网查找或翻阅有关书籍,通过解决一系列与数学有关的生活问题,更详细地认识了解和补充完善知识,从而实现对教材内容的全面理解和准确把握。同时,此类知识往往是数学家经过长时间研究后得到的辛苦成果,蕴含了人类的千年智慧,体现了数学家们百折不挠的钻研精神和数学的文化价值,能使学生增加对数学史的了解,达到教学与爱国主义教育相互渗透、提高小学生综合素质的目的。同时此类拓展活动也是数学作业的沃土,为学生数学兴趣的激发、数学技能的提升以及数学的综合应用起到夯实、深化的功能。

当然设计此类作业时,教师应事先进行查找,对知识有全面正确的了解,使自己的专业功底广博深厚,并留心发现学生在查找过程中可能遇到的问题,为学生能较顺利地完成任务提供保障。

二、作业功能定位的多元化

1. 生活性作业——在运用中培养学生的实践能力。

生活是学习数学的场所,也是学生运用数学解决实际问题的场所。为此,在作业设计时,要创设生活性的实际问题,促使学生尝试从数学的角度运用所学的数学知识和方法寻求解决生活中数学问题的方法,体验数学在现实生活中的价值,使学生认识到生活中处处有数学,生活离不开数学,并逐步成为一个知识的实践者。

例如:学习了长方体和正方体的体积和表面积后,可让学生自己测量家里冰箱的长、宽、高,然后让他们求自家冰箱的体积与容量;或让他们当一个小小包装师,给一个礼品盒包上漂亮的包装纸,并算出包装纸的面积;还可让学生做一回装修设计师——如果你家新居要装修,你能为你爸妈提供一份装修建议表吗? 我们可以从下面几个问题来考虑:

(1) 如果要在房间内铺地板,你准备怎么做?

(2) 如果要粉刷卧室的房顶和四周墙壁(除去门窗面积),应该测量哪些数据?

(3) 如果要在客厅装上高1.2米的护墙板,你还需要知道什么数据? 请根据自己家生活条件和自己的爱好,在材料表中选择你需要的材料,并算出所需材料的量及所需的钱数。

(4) 在一个长方体浴缸里铺瓷砖,你必须知道什么? 这个浴缸最多能装多少水?

这样的作业既提高了学生的动手操作能力和解决问题的策略能力,又能让他们了解到数学在实际生活中的应用,并加强了学生对数学价值的认识。

2. 童趣性作业——在"乐做"中激发学生的学习兴趣。

"兴趣是最好的老师",新课程标准也指出:"从学生熟悉的生活情境与童话世界出发,选择学生身边的、感兴趣的事物,以激发学生学习的兴趣与动机。"作业设计时,我们应从学生的年龄特征和生活经验出发,设计具有童趣性和亲近性的数学作业,以激发学生的学习兴趣,使学生成为一个学习的热情者和主动者。

例如:在复习平面图形的周长和面积时,设计了这样一道题(图一):

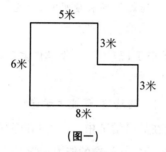

(图一)

(1) 这是开心农场的养鸡场,这个养鸡场有多大?(这是一道求组合图形面积的题,学生利用图形的分割、增补和旋转,用不同的思考方法求出了这个图形的面积。(思考方法见下)

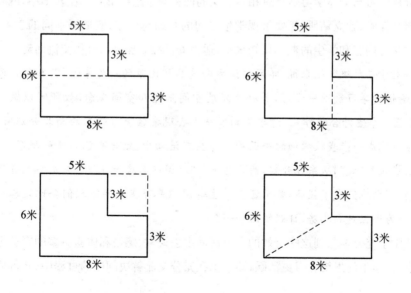

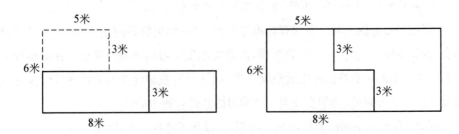

（2）你能算出围成养鸡场的篱笆的长度吗？（学生运用移动的方法，算出养鸡场的周长）

（3）小鸡长大了，养鸡场小了，如果不给你提供篱笆，你能扩建养鸡场吗，怎样扩建可以使这个养鸡场最大？

（4）如果将养鸡场迁移到一堵墙边，还能再扩建吗？（长和宽是整米数）

这一道图形计算题融合在故事情节中，让学生在轻松愉悦的氛围中，掌握图形计算的方法和技能，提高解决生活实际问题的能力和学习的兴趣。

3. 合作性作业——在探究中培养预测与验证能力。

《数学课程标准》指出：动手实践、自主探索与合作交流是学生学习数学的重要方式。合作学习与个体学习是具有相对意义的两种教学组织形式。在教学中，既要倡导学生自主探索、独立钻研，又要重视学生之间的互助与合作；应根据不同的学习年段、不同的学习内容和学生的数学认知水平，适当安排独立探究与合作交流活动。

如对于二年级学生来说，学习辨认方向是非常困难的一件事情，就如何让学生在轻松、愉悦的学习氛围中学习，并初步发展空间知觉和空间观念，教师可以做以下尝试：布置一个室外合作作业，请学生到操场上去观察领操台的东西南北分别有什么，再请学生完成一张我校操场的平面图。学生在活动中，结合自己具体的观察和思考，根据已有认知"太阳从东方升起，西方落下"，"我国朝南房子日照较充足"等，并通过实地考察，顺利地完成了任务，甚至还有学生会问："是否在南半球人们会比较喜欢买朝北房，因为那里是朝北房，日照较好……"

让学生充分参与到这些有效的学习活动中去摸索、感悟和体验更多的有关方向的知识点，使学生的思维变得更活跃；让学生在充分交流解决问题的过程中，获得成功愉悦的情感体验,体会到一种发现结论的成就感。由此得来的知识也来得丰富、深刻、难以忘怀!

通过设计多元化数学作业,能让学生通过自主探究、合作交流等多种形式完成贴近生活、新颖有趣、富于思考的开放的作业,使数学作业真正建立在学生自主活动的基础之上,促进学生整体素质的提高。学生在扎实、牢固地掌握小学数学的有关基础知识的同时,也能形成熟练的技能、技巧,并对数学产生浓厚的兴趣,把完成作业变成愉快的活动。同时还要培养学生的实践能力与创新意识,让学生养成良好的学习习惯,促使学生互相尊重、团结协作、个性和谐发展。

【推荐阅读】

金美芬. 新课程下小学数学作业多元化研究. 教育实践与研究,2007.

张文娟. 趣味化,多层化,多元化——兼谈新课标下小学数学作业的设计. 考试周刊,2013.

中国期刊网 http://www.chinaqking.com/yc/2013/344879.html

【问题思考】

选"概率与统计"学习领域中的一个单元,设计一份学生课外活动作业。

(本主题撰写者:上海市第二师范学校附属小学 郑钟雯)

主题五

作业的评价和辅导

　　《数学课程标准》中指出："对于数学学习的评价,既要关注学生知识与技能的理解和掌握,更要关注他们情感与态度的形成和发展;既要关注学生数学学习的结果,更要关注他们在学习过程中的变化发展。"因此作业评价是检验教学效果,完善教学方法的重要手段。有效的作业评价不仅可以及时发现和纠正所存在的问题,巩固基础知识,发展思维能力,还可以提高学生学习的积极性,培养他们热爱数学的情感。作业辅导即针对学生的作业问题进行诊断、分析,帮助其订正,给出合理的学习建议,补缺补差,若学生学有余力,再进行针对性的提高训练。

【案例】

　　作业内容: 一年级"人民币的认识"。

　　在学习了"人民币的认识"单元中"人民币的换算"一课之后,学生的练习中经常会出现"一张 10 元可以换成(　　)张 5 元和(　　)张 1 元"或"一张 10 元可以换成(　　)张 5 元或(　　)张 1 元"这样的题目,如果不仔细看,往往会被这样的陷阱所迷惑。针对这一情况,在教学中将两道题放到一起进行对比,让学生仔细区分"和"与"或"的意义,并进行讲评。

　　1. 先出示题:一张 10 元可以换(　　)张 5 元和(　　)张 1 元。

　　学生出现两种情况:一张 10 元可以换(2)张 5 元和(10)张 1 元;

一张 10 元可以换(1)张 5 元和(5)张 1 元。

(两种解法的学生都有,孩子们马上形成了对立面,争论起来)

师:小朋友,请你想一想,我们在解决问题中,什么时候也出现过这个"和"字。

(学生很快安静下来,进行思考)

生:我们在提问题时会问:( )和( )一共有多少?

生:我们求总数时,会问( )和( )一共有多少?

师:是呀,小朋友,这样的问题我们怎么解决呢?哪个答案是正确的呢?

学生理解了应该是用加法。

2.再出示对比题:一张 10 元可以换( )张 5 元或( )张 1 元。

先比较两题的区别,然后讨论解决问题的不同点。

生:这里是"或",我们可以用"="来连接。

师板书:一张 10 元=( )张 5 元=( )张 1 元。

《数学课程标准》明确指出:"学生是学习活动的主人,学生的学习活动应是一个生动活泼、主动、富有个性的过程。"教师经常性的作业单独讲评往往会造成学生视觉和听觉的疲劳,容易滋生倦怠情绪,注意力也会分散,导致讲评效果不理想。由于对所评习题学生已独立思考解决过,学生或多或少已形成个人的认识,这就为我们"放手"提供了有利条件。我们应努力营造民主、和谐的评价氛围,相信学生,适时变教师主导下的"讲"为师生共同参与下的"议",让学生充分展示自己的思考,加之教师的引导、点拨,在质疑和争辩中实现作业问题的有效解决。上述案例中,作业评价的信息实现了从"单向传递"向"多向传递"的转变,将课堂的主动权还给学生,学生最终悟出了"和"与"或"的区别,收到了良好的效果。

【对呈现案例的问题思考】

《数学课程标准》指出:"评价的主要目的是为了全面了解学生的数学学习历程,激励学生的学习和改进教师的教学;应建立评价目标多元、评价方法多样的评价体系,对数学学习的评价要关注学生数学学习的水平,更要关注他们在数学活动中所表现出来的情感、态度，帮助学生认识自我，建立信心。"作业评价是新课程评价体系的一个重要组成部分，是联系教师发展和学生发展的纽带。在新的课程理念指导下，数学作业评价的方式、方法也要改革，要对学生的作业进行多元化的评价，从而调动学生主动解决问题、探讨解题方法的积极性。同时，课后辅导是数学课堂教学的重要补充和辅助形式，可以弥补课堂教学在因材施教方面的不足，也是师生相互接触，增进了解的好机会，教师应该认真、负责、热情、耐心地做好这一工作。因此，我们必须有效开展以下两方面的工作：

1. 作业多元化的评价；

2. 有效分类差异辅导。

【策略】

一、作业多元化的评价

1. 自主评价作业——还学生作业评价主动权。

《数学课程标准》指出："学生是数学学习的主人，教师是数学学习的组织者、引导者和合作者。"根据教学内容的特点和学生实际，我们有时可以放手让学生自己设计、编写作业，使学生学会思考，学会提问。让学生自己编作业，学生积极性高，而且更需要他们认真听课、认真梳理，从而能更有效地培养学生主动思考的能力、创造发现的能力。

在复习"数与运算"时，我请学生在自主整理已学过的运算定律和运算性质的基础上，尝试自编简便运算题，旨在通过编题，使学生进一步熟练地运用运算定律和性质进行简便运算。学生兴趣盎然，因为他们所编的练习题一经采纳，会得到一个奖章。以下是他们自己编的题：

> 五(1)班倪临赟同学编了以下四题：
>
> $3.6 \times 3.6 + 3.6 + 5.4 \times 3.6$；　　　　$2.5 \times 2.87 \times 0.4$；
>
> 1.01×4.7；　　　　4.8×9.9。

可以看出,他已掌握了乘法的运算定律在小数四则混合运算中的运用。

五(3)班张琳程同学编了以下四题:

$27.36+5.87+2.64+3.13$; $12-3.87-6.13$;

$17.32-2.83-2.32$; $17.64+3.89-5.64$。

可以看出,她对加法的运算定律和减法的运算性质在简便运算中的运用掌握得较好。

五(4)班吴嘉慧同学编了以下四题:

$43÷2.5÷4$; $2.64-5.19+3.19$;

$5.87-(8.32-14.13)$; $67×9+99×3$。

可以看出,她已能灵活运用除法运算性质、积不变的性质和合理添加括号进行简便计算。

显然,学生能编出以上简便运算题,说明他们对在小学阶段所学的运算性质和运算定律,已能融会贯通地运用。这样将练习评价的自主权还给学生,既能落实学生学习的主体地位,又能进一步激发学生参与探索知识的兴趣,实现变“要我做”为“我要做”的情感转化。

2. 互动评价作业——让学生互相促进和激励。

传统作业评价强调了教师的作用,忽略了学生的参与作用。其实学生之间是平等的,他们彼此互不设防,以自己的理解来审视伙伴的作业,通过与自己对照,学会赏识别人或分析错误原因,这实际上是一个再学习的过程。因此作业评价时,我们尝试生生互动,让学生互动参与作业评价,使学生在参与中学会方法、加深对所学知识的理解,让学生变得自信。这样的评价方式,给学生营造了一个和谐团结的学习氛围。在相互交流中,以优带差,达到互相促进、互相激励的目的。

例如,在一年级的书写比赛中,当同学们的书写作业张贴在学习园地时,我们发给每个孩子3个五角星贴纸,让他们给自己觉得书写得最漂亮的三份作业贴上贴纸。孩子们拿着手中的粘纸,在学习园地前驻足徘徊,我们会发现他们是那样认真,思来想去,看字形结构,看字迹大小是否统一,有的还当面交流,生生互动,指出哪几个数字写得较好,哪些字需要改进,最后才庄严地投上自己认可的三票。这样的作业评价尝试,孩子们往往意识强、领会深,他们通过对其他同学学习情况的了解和理解,相互接纳并相互认同评价结果,形成了积极、友好、平等和民主的评价关系,在不断改进的过程中获得了发展。

再如,一年级的数学拓展课上,我们请学生通过看书和上网查询,初步了解钱币的起源和发展,进一步体会钱币在社会生活中的作用。我们以小组为单位,将查询到的人民币的起源和发展、错币欣赏、人民币的使用心得等,以数学小报的形式,做互动交流,同时也请学生就数学小报的美观性、知识性等做组间评价。学生在这样的作业评价活动中,进一步体会钱币在社会生活中的作用,以及人民币上蕴涵的丰富知识,知道爱护、尊重、正确使用人民币。

3. 评语评价作业——调动学生的学习积极性。

评语,是一种作业批阅的方式,便于学生更清楚地了解自己作业中的优、缺点,还可加强师生之间的交流,促进学生各方面和谐统一的进步。在评价作业时,可根据学生作业完成情况巧用评语。这种带感情色彩的评语使学生感受到了老师对他们的关爱,充满了希望,同时也让每一位学生体会到只要自己在某个方面付出了努力就能获得公正、客观的评价,从而激发了学生的学习兴趣,强化了学习动机。

每当学生完成的作业书写得很认真、解题有独到之处时,教师就应及时用鼓励性的语言肯定学生的学习成果,"你写的字真漂亮"、"你的方法老师没想到,向你学习"、"你真聪明"等等,这些激励的话语有利于提高学生的学习积极性和主动性,从而产生强大的学习动力。

当然,学生完成作业时,难免会出错,出现错误的原因不是粗心大意,就是思维误区。为了能让学生自己学会学习,自己发现错误,在批改作业时,我们尽可能地少用"×"号,而是分析学生的错误,加以适当的评语,用启发性的语言,开启学生的心智,让学生自己学会找出错误并及时改正。教师在关注每一个个体的同时,培养了学生发现问题和解决问题的能力,既保护了学生的自尊,又为每个学生提供了广阔思维的空间。例如,二(1)班陈亦杰小朋友计算经常出错,教师写上"能不能验算一下呢?""弄清计算顺序,细心准能过关。"鼓励孩子自己找出计算错误的原因,再加以订正,效果较好,在期末考试中,小陈在做试卷时,计算得认真仔细,取得了100分的优异成绩,进步很大;再如,在分析相差问题的应用题时,学生往往对逆叙述的"大数"和"小数"辨析不清,老师发现错误后,在错题下写上"找准大数和小数,判断再分析。"通过这些话语,启发和鼓励学生自己寻找错误,提升解题的能力。

当教师用诚恳的语言,客观、公正、公平地评价学生的作业时,这些无声的语言,不仅带给学生无穷的回味,引起学生对教师的亲和,更能树立学生学习的信心。

同样,培养学生对作业的兴趣也需要教师多多地给予一些表扬奖励。除了口头表扬一些作业特别有创意或者进步特别快的同学外,还可以就自己年级学生的情况,制定较为具体的作业免做制度。

例如二年级数学备课组制定的免做制度如下:

> 连续5次作业不出现错误,奖励一张作业免做卡。
>
> 阶段测试成绩100分,奖励一张作业免做卡。
>
> 学生使用作业免做卡时,检查帮助同组学习较困难同学完成作业。
>
> "作业免做卡"若不使用,学期结束时,可作期末综合评价使用。

学期结束时,我们根据学生日常的课堂表现、作业完成情况、学习态度等,会对学生进行全面的综合评价,对于部分平日表现优秀的同学,可给予免考申报资格,可免去其期末考试任务。因此,每个班级设立了免做制度后,那些可以免做作业的孩子不仅做了,而且比以前做得更认真了,他们想获得老师更多的肯定。这种激励措施对学生作业态度的影响是深远的,对那些受到表扬的同学来说无疑是注入了继续努力的活力,而对其他孩子来说也是一种鞭策。

二、有效分类差异辅导

教学辅导是课堂教学的补充和延续,不是教学的简单重复,同时学生的知识水平、接受能力不同,学习数学时会存在个别差异,需要区别对待、因材施教。我们倡导辅导前应思考辅导是否需要、辅导的目的是什么、辅导什么。同时教学辅导作为教学反思的一个方面,应首先找教师教的原因,再考虑学生学的方面,从而实现分类差异辅导。

1. 学有余力——创造展示。

对于学有余力的同学,主要是指导他们进一步学习,提出更高的学习要求,提高他们的学习水平和兴趣水平。应为他们提供学习指导,授予方法——教给他们多种自学的方法,鼓励参赛——积极推荐他们参加各种数学竞赛活动。例如介绍补充学习材料、布置一些难度较大的补充作业、组织他们做一些实验、探讨一些问题,以扩展他们学习的深度和广度,培养他们的自学能力,满足他们的求知欲望,激发他们学习数学的兴趣,使他们的学习潜力得以发挥。

2. 学有困难——爱到实处。

对于学有困难的孩子,我们不仅要了解这些孩子的家庭背景、行为习惯,帮助他们补好知识基础,为他们解决学习困难设立阶梯,帮助他们排忧解难,也要将更多的爱与信任给予这些孩子,让他们重塑信心。

3. 学有不足——强化巩固。

对于学有不足的孩子,应该对他们在学习数学中的具体情况进行深入了解和细致分析。要搞清楚学生对哪些知识、技能学习有困难,这些知识是不是教学的重点和难点,并确定学生学习困难的原因:是知识基础缺陷还是能力缺陷造成的?是因为数学知识本身抽象、难于理解,还是学生学习态度、学习能力及学习方法等方面有欠缺,或者是教师教法不当?我们要通过多暗示、多督促、多反省、多激励,找出改进的对策和方法,使他们在学习的道路上能多一点成功的体验。

【推荐阅读】

刘善娜. 这样的数学作业有意思——小学探究性作业设计与实施. 北京:教育科学出版社,2016.

张文娟. 趣味化,多层化,多元化——兼谈新课标下小学数学作业的设计. 考试周刊,2013.

中国期刊网 http://www.chinaqking.com/yc/2013/344879.html

【问题思考】

选一个你所教年级的一个学习内容,设计一节新授课的课内作业,并简要说明以下问题:

(1) 如何通过这个课内作业达成课时目标?

(2) 对学生作业过程中可能遇到的困难或易错点,应怎样点拨辅导?

(本主题撰写者:上海市第二师范学校附属小学　郑钟雯)

主题六

撰写教学反思

著名教育家叶澜说过："一个教师写一辈子教案不一定成为名师，如果一个教师写三年教学反思，则有可能成为名师。"这句话非常实在，其用意在教育我们要重视反思。对于教师来说，"反思教学"就是教师自觉地把自己的课堂教学实践，作为认识对象进行全面而深入的冷静思考和总结，它是一种用来提高自身的业务、改进教学实践的学习方式。教师应不断对自己的教育实践深入反思，积极探索与解决教育实践中的一系列问题。撰写教学反思，是教师对教学负责的表现，它既有利于学生的学习，又有利于教师教学水平的提高和教学经验的总结、积累，是整个教学过程中必不可少的重要一环。

【案例与分析】

案例内容："两位数被一位数除"教学反思。

重组学习资源，突显过程体验

——"两位数被一位数除"教学反思

教材分析：

"两位数被一位数除"是二期课改教材三年级第一学期的教学内容，此部分内容分7课时完成，注重学生对算理的理解是二期课改教材的编写特色之一，因此教材安排了整整一个课时来进行"两位数被一位数除"的算理教学。教材安排了这样的情境：

"小胖带来了 71 支铅笔,4 人平分,每人可分到几支?"通过实际操作使学生感受"先分整捆的,再分单个的"这种方法的简洁,总结出两位数被一位数除的算理:先用除数除被除数十位上的数,然后将被除数十位上的剩余部分与个位上的数合并,再用除数去除。

学生分析:

学生已学过的知识"表内除法"和"整十数除以一位数商是整十数的除法"是理解"两位数被一位数除"除法算理的基础。由于此算理是学生学习除法竖式计算方法的必要准备,它将为今后学习除数是两位数的除法及除数是多位数的除法奠定思维的基础,具有承上启下的作用,所以让学生真正掌握"用最合理的分拆被除数的方法来正确计算'两位数被一位数除'"是非常必要的。

课后反思:

本课的教学设计力求体现运用知识的迁移规律,并对学生的已有知识基础、教材教学内容、除法知识结构等学习资源进行挖掘与组合,使学生在问题情境中,通过具体操作、自主探索、辨析活动、同伴合作等学习活动体验了整个学习过程,从而探索并理解了"两位数被一位数除"除法的算理,初步建立新的认知结构,并使学生在积极参与"两位数被一位数除"的数学学习活动的过程中,体验合作学习的乐趣,激发学习数学的兴趣。

一、设计方案的形成

最初设计时曾设想把"两位数被一位数除"的算理的教学,与竖式笔算教学并在一课时进行。因为,算理的学习就是为笔算学习服务的,如果学生能真正弄懂算理,那么笔算应该不会存在问题,毕竟笔算的每一步过程都与算理的每一步过程丝丝相扣。但试教下来发现了问题,因为二期课改教材的编排与一期课改教材完全不同,在此课前学生从未接触过除法的竖式。而除法竖式的书写格式与加、减、乘完全不同,计算顺序也与加、减、乘相反,且计算过程还牵涉到乘法与减法。想在一节课 35 分钟内完成,实在做不到,于是还是确定在一课时内只进行算理教学这一个内容。

二、弥补教材的不足

1. 自主探索、直观感知。

为了使学生真正把"两位数被一位数除"的算理掌握透彻,在新授教材的例题"把71支铅笔平均分成4份,每份是多少支?"的教学前,先设计了"把48支铅笔平均分成6份、4份、3份,求每份是多少支?"这样一组练习。"把48支铅笔平均分成6份,求每份是多少支?"的设计目的是让学生为正式进入学习做准备;"把48支铅笔平均分成4份,求每份是多少支?"要求学生口答,同时在学生口答时配媒体演示,让学生初步感知计算"两位数被一位数除"时,从个位或十位先算都是可以的。"把48支铅笔平均分成3份,求每份是多少支?"要求学生先在心里计算,再用小棒代替铅笔动手分一分,来验证计算结果是否正确,从而比较出计算"两位数被一位数除"时,从十位先算比较方便,为学习竖式计算方法"从高位算起"打下伏笔。然后才让学生思考教材例题"把71支铅笔平均分成4份,每份是多少支?"由此鼓励学生自主探索"两位数被一位数除"除法的算理,并借助学具操作加以验证;通过合作交流、比较辨析等学习活动,感知合理的解决问题的方法。而若未加铺垫直接让学生学习例题(此例题只能从十位先算),学生缺少了实际的感悟,这样不利于他们思维的发展。实践证明这样学习的过程符合学生的思维特点,起到了预计的教学效果。

先后创设的"把48支铅笔平均分成6份、4份、3份,求每份是多少支?"及"把71支铅笔平均分成4份,每份是多少支?"等问题情境,都使学生经历了独立思考、操作验证、合作交流等学习活动。在学习活动中,学生借助小棒的操作,验证计算结果的正确性,并逐步感悟:"一位数除整十数商是整十数的除法"及"表内除法"的合理整合,就是"两位数被一位数除"除法的算理。通过单项训练帮助了学生感知根据除数分拆被除数的方法,初步构建新的认知结构。

2. 比较辨析、理解算理。

由于教材上习题的商的十位都是1,这不利于学生正确理解"两位数被一位数除"除法的算理。于是又设计了"把71支铅笔平均分成3份,每份是多少支?"的探究活动,让学生结合实例,通过对学具操作过程的比较辨析,充分感知合理分拆被除数的方法,真正理解"两位数被一位数除"除法的算理,从而突破教学难点。为后续学习竖式计算方法"每次除得的余数要比除数小"又一次打下伏笔。在课堂教学中学生通过独立思考、动手操作、小组交流,解决了此题的解决方法,从而完善了认知结构。

3. 巩固练习、掌握方法。

针对性的练习是数学知识内化为学生数学能力的必要过程。巩固练习再一次为学生搭建了认知的平台,使学生进一步加深对"两位数被一位数除"除法算理的理解,并能用根据除数合理分拆被除数的方法正确计算"两位数被一位数除"的除法。

巩固练习设计了这样几道题:$63÷5,87÷3,76÷7$,设计目的是使学生通过对商十位是1、商十位大于1及商个位是零的不同情况的练习,进一步理解"两位数被一位数除"除法的算理,再次完善认知结构。练习后发现学生对第一、二题的掌握情况非常好,而 $76÷7$ 又是一个新的难点,通过讨论又一次把教学推向了高潮。通过观察、讨论,又为今后学习"商个位是零的除法"埋下了伏笔。

三、实际教学的效果

在整堂课的教学过程中,学生学得热烈而有效,教学气氛一次又一次达到高潮。"48 支铅笔 3 人平分,每人可分到多少支?"的教学活动,让学生感悟到计算"两位数被一位数除"时,从十位先算比较方便,为学习竖式计算方法"从高位算起"打下伏笔。而"71 支铅笔 4 人平分,每人可分到多少支?"的学习活动,是让学生把前面得到的方法进行模仿练习。"71 支铅笔 3 人平分,每人可分到多少支?"的学习活动,不同认知水平的学生运用了不同的方法解决问题,从而突破了难点,实现了分层教学。有的学生模仿了前面的方法:

$71÷3＝23……2$　$30÷3＝10$　$41÷3＝13……2$(个别学生计算 $41÷3$ 时遇到了困难);

有的学生这样做:

a. $71÷3＝23……2$　$30÷3＝10$　$30÷3＝10$　$11÷3＝3……2$
b. $71÷3＝23……2$　$30÷3＝10$　$39÷3＝13$

还有的学生进行了创造性思维,$71÷3＝23……2$　$60÷3＝20$　$11÷3＝3……2$,找出了最合理的方法。

在学生后阶段学习除法笔算时，我又把算理与笔算方法进行了对比。由于学生对"两位数被一位数除"的算理掌握得较透彻，故除法的笔算学习非常顺利。而从学生学习"三位数被一位数除"的情况来看，学生能自主利用本课掌握的知识进行迁移，探索出了"三位数被一位数除"的算理，并知道用最合理的方法解决问题。据了解，我班学生对"三位数被一位数除"的算理的掌握情况，远比兄弟班、兄弟校的同年级学生好许多。这又从另一个角度说明了本堂课的教学效果是比较理想的。

【撰写教学反思的问题与困惑】

1. 在教学中反思达到什么程度才是理想的状态？
2. 如何把获得的教学反思有效落实到后续的教学实践中，为教学做更好的服务？

【策略】

1. 写成功之处：将教学过程中达到预先设计的教学目的、引起教学共振效应的做法，课堂教学中临时应变得当的措施，层次清楚、条理分明的板书，某些教学思想方法的渗透与应用的过程等，详细地记录下来，供以后教学时参考使用，并可在此基础上不断地改进、完善、推陈出新，达到光辉顶点。

2. 写不足之处：课堂教学难免有疏漏失误之处，对它们进行系统的回顾、梳理，并对其作深刻的反思、探究和剖析，能促进今后教学更趋完善。

3. 写教学机智：课堂教学中，随着教学内容的展开，师生的思维发展及情感交流，往往会因为一些偶发事件而产生瞬间灵感，这些"智慧的火花"常常是不由自主、突然而至的，需要及时利用课后反思去捕捉，使其成为可遇不可求的宝贵资料。

4. 写学生创新：在课堂教学过程中，学生是学习的主体，学生总会有"创新的火花"在闪烁，教师应当充分肯定学生在课堂上提出的一些独特的见解，这样不仅使学生的好方法、好思路得以推广，而且对学生也是一种赞赏和激励。同时，这些难能可贵的见解也是对课堂教学的补充与完善，可以拓宽教师的教学思路，提高教学水平。因此，将其记录下来,可以补充今后教学的材料养分。

5. 写"再教设计":包括课后静心沉思,摸索出了哪些教学规律;教法上有哪些创新;知识点上有什么发现;组织教学方面有何新招;解题的诸多误区有无突破;启迪是否得当;训练是否到位等等。及时记下这些得失,并进行必要的归类与取舍,考虑再教这部分内容时应该如何做,写出"再教设计",这样可以做到扬长避短、精益求精,把自己的教学水平提高到一个新的境界和高度。

总而言之,写课后教学反思,贵在及时,贵在坚持,贵在执着地追求。一有所得,及时写下;有话则长,无话则短;以写促思,以思促教……长期积累,必有"集腋成裘、聚沙成塔"的收获。

【推荐阅读】

1. 写好教学反思的三大好处 http://d. wanfangdata. com. cn/Periodical _xxjxck201430001. aspx

2. 如何撰写教学反思 http://wenku. baidu. com

【问题思考】

结合教学实践撰写一篇教学反思,并跟进教学实践。

（本主题撰写者：打虎山路第一小学　张　丽）